黃檗斷際禪師語錄
황벽단제선사어록

곧장 들어가라

黃檗斷際禪師語錄
황벽단제선사어록

곧장 들어가라

청두종인 편역

해조음

불법은
간단명료하다

　불교가 무엇인지, 선이 무엇인지, 어떻게 공부해야 깨달을 수 있는지를 불교대학에서 강의할 때면 불자들이 자주 질문하곤 한다. 이러한 질문에 대해 아직 깨닫지 못하고, 불법이 정미(精微)롭지 못해 명쾌하게 답을 해 주지 못해 출가 수행자로서 미안하고 죄스럽고 또 안타까운 마음뿐이다. 몇 해 전 통도사 울산 포교당 해남사 불교대학에서 강의했던 황벽단제 선사의 어록 내용을 정리하여 그 답을 대신하고자 한다.

　황벽 선사의 『전심법요』에 "무심(無心)이 도(道)이다."라는 구절이 있다. "지금 도를 배우는 사람들은 이 마음의 본체를 깨닫지 못하고 곧바로 마음 위에서 마음을 내고 밖을 향해 부처를 구하고 또 모양에 집착하여 수행하고 있다. 모두 악한 법이지 깨달음의 도는 아니다."라고 말씀하신다. 그 내용을 음미해 보면, 더 많이 알려고 하고 혹 다른 지름길이 있는지 꾀를 부리고, 자기 법이 옳다고 하는 아만(我慢)만 공고히 하는 것이 예나 지금이나 다를 바가 없어 가슴이 먹먹해지는 말씀이다.

선사의 법을 이은 임제 스님이 대우 스님의 말 끝에 깨닫고 말하길, "師於言下大悟云(사어언하대오운), 元來黃蘗佛法無多子(원래황벽불법무다자)."라고 했다. "본래 황벽 스님의 불법은 간단명료하구나!"하고 결론 지었다.

　요즘은 선지식이라 하면서 말이 너저분하고 자기 말이 없고 장황하게 설법을 하는 경향이 있다. 선사의 말씀은 한결같이 간단명료해서 마음밖에서 불법을 구하는 것은 불자가 아님을 명쾌하게 말씀하신 것을 잊지 말아야 할 것이다. 또 한 가지 중요한 것은 경전을 절대 소홀히 하지 않으셨다.
　설법하시면서 『금강경』을 인용하여 반야의 지혜를 체득하게 하며, 『법화경』의 비유로 알기 쉽게 설명하기도 하고, 『유마경』의 대가라고 적시한다. 여러 가지 대승경전을 인용하여 중생들을 제도하는 모습을 볼 때 우리의 근본은 부처님의 말씀인 경전을 뗏목 삼아 강을 건너는 것임을 다시 한 번 명심해야 한다.

　『완릉록』 말미에 이런 구절이 있다.

　　진로형탈사비상(塵勞逈脫事非常)
　　긴파승두주일장(緊把繩頭做一場)
　　불시일번한철골(不是一番寒徹骨)
　　쟁득매화박비향(爭得梅花撲鼻香)

번뇌를 벗어나는 것은 보통의 일이 아니어서
긴박하게 밧줄을 단단히 잡고 한바탕 공부해야 한다.
추위가 한 번 뼈에 사무치지 않는다면
어찌 코를 찌르는 매화 향기를 얻을 수 있으리오.

우리가 지금 이 순간의 시절인연에서 도에 대해 처절한 수행을 해야 함을 미루어 짐작할 수 있다.

황벽희운 선사(?~850)는 중국 선종 제10대 조사로 9대 백장회해를 이어 11대 임제의현에게 전등하였으며, 시호는 단제(斷際)로 황벽단제(黃檗斷際) 선사로 불리운다.

선사는 복건성(福建省) 민(閩) 사람으로 어려서 홍주(洪州) 황벽산(黃檗山)에 들어가 출가하였으나 『백장청규(百丈淸規)』의 저자로 유명한 백장선사(百丈禪師) 회해(懷海)의 지도를 받고 현지(玄旨)에 통달하였다. 842년에 배휴(裵休 裵相國, 797~870)가 강서성(江西省) 종릉(鍾陵) 관찰사(觀察使)로 부임했을 때 그를 용흥사(龍興寺)에 모셨으며, 848년에 안휘성(安徽省) 완릉(宛陵)에 부임해서는 완릉(宛陵)의 개원사(開元寺)로 모셨다. 이후 황벽은 황벽산에서 최후를 마쳤으며, 이에 따라 황벽희운이라고도 부른다.

달마대사를 초조로 하여 혜가 → 승찬 → 홍인 → 육조혜능 → 남악회양 → 마조도일 → 백장회해 선사가 조사선의 깃발을 내건 이후 조사선의 황금시대를 열게 한 스님의 문하에 중국 임제종(臨濟宗)의 개조(開祖)인 임제 의현(義玄)이 있다. 선사의 법어(法語)는 상공 배휴(裵休)가 집대성하여 『황벽단제선사 전심법요(傳心法要)』와 『완릉록(宛陵錄)』이 있다. 이 책에서는 중화전자불전협회의 『대정신수대장경』 48권에 입장된 것을 그대로 번역하였다.

이 책이 나오기까지 팔공산 갓바위에서 불조(佛祖)의 혜명(慧命)을 위해 정진하고 있는 선정, 선공 스님께 감사드리며 이 인연으로 지혜를 가꾸는데 보탬이 되길 두 손 모읍니다.

나무반야바라밀

2020년 10월 5일

청두종인(靑頭宗印) 화남(和南)

차례

전심법요 傳心法要

단제심요 斷際心要 ・14
한 마음 깨치면 부처다 ・21
무심이 도이다 ・31
본원청정심 本源淸淨心 ・41
불생불멸이 바로 부처다 ・52
허공이 법신이다 ・59
마음을 망각忘却 하라 ・74
법은 생함이 없다 ・84
수도란 ・103
말에 떨어진다 ・109
사문이란 무심을 체득한 사람 ・110
마음이 곧 부처다 ・123
이심전심 以心傳心 ・129
마음과 경계 ・133
무구 無求 ・136
머무는 바 없는 마음이 곧 부처의 행이다 ・138
육조는 왜 조사가 되었는가? ・151
자재인 自在人 ・161

완릉록 宛陵錄

도는 마음을 깨닫는 것이다 ・166

마음을 쉬고 알음알이를 잊어라 ・172

마음과 불성은 다르지 않다 ・175

모양 있는 것은 허망하다 ・182

부처와 중생의 마음은 하나다 ・193

일체 모든 견해를 여의다 ・195

진실로 하나의 법도 얻을 수 없다 ・207

본래 한 물건도 없다 ・211

마음을 떠나 따로 부처가 없다 ・212

보리심 菩提心 ・226

수은의 비유 ・231

무연자비 ・234

정진이란? ・237

무심의 행 ・239

삼계를 벗어나야 한다 ・241

자기의 마음이 부처다 ・244

상당법문 ・267

색인 ・277

황벽
희운

황벽희운(黃檗希運 : ? ~ 850)
중국 선종 제10대 조사이다. 9대 백장회해를 이어 11대 임제의현에게 전등하였다. 시호 단제(斷際). 황벽(黃檗) 단제선사(斷際禪師)로 알려졌다. 복건성(福建省) 출생. 어려서 홍주(洪州) 황벽산(황보산)에 들어가 승려가 되었는데, 어릴 때부터 지기(志氣)가 왕성하여 출가한 후, 『백장청규(百丈淸規)』의 저자로 유명한 백장선사(百丈禪師) 회해(懷海)의 지도를 받고 현지(玄旨)에 통달하였다. 842년에 배휴(裵休 裵相國, 797-870)가 강서성(江西省) 종릉(鍾陵) 관찰사(觀察使)로 부임했을 때 그를 용흥사(龍興寺)에 모셨으며, 848년에 안휘성(安徽省) 완릉(宛陵)에 부임해서는 완릉(宛陵)의 개원사(開元寺)로 모셨다. 이후 황벽은 황벽산에서 최후를 마쳤으며, 이에 따라 황벽희운이라고도 부른다. 문하에 중국 임제종(臨濟宗)의 개조(開祖)인 임제 의현(義玄)이 있고, 그 법어(法語)는 배휴(裵休)가 집대성하여 『황벽단제선사 전심법요(傳心法要)』와 『완릉록(宛陵錄)』이 있으며, 선어록(禪語錄)의 대표로서 일찍부터 주목받았다.

황벽희운 선사

妄本無根
망본무근

秖因分別而有
지인분별이유

망념은 본래 뿌리가 없지만
다만 분별하는 마음에 의하여 있는 것이다.

전심법요
傳心法要

단제심요
斷際心要

河東裵休[1]集并序
하동배휴 집병서

당나라 하동 배휴가 집록하고 아울러 서문을 쓴다.

---

1) 『신당서(新唐書)』 등의 전기에 따르면 배휴(裵休 : 797~870)는 맹주(孟州) 제원(濟源)에서 출생하였고, 자는 공미(公美)이다. 진사시험을 치러 현량방정(賢良方正)에 뽑힌 뒤 여러 관직을 거쳐 병부시랑영제도염철전운사, 중서문하평장사, 선무군절도사와 소의(昭義), 하동(河東) 등 여러 곳의 절도사를 역임하였다. 74세로 입적한 뒤에는 태위(太尉)에 봉해졌다. 그는 문장과 해서체 글씨에 능하였으며, 교양이 깊고 성품이 온화하였다. 특히 불교를 공부한 뒤에는 술과 고기를 멀리하고 불경과 선어록을 편찬하고 유명한 서문도 많이 썼다. 이처럼 배휴 거사는 학문과 권세를 두루 갖춘 선종의 재가 수행자로서 여러 선사들의 어록에 일화를 남겼고, 직접 선어록을 편찬하기도 했다. 특히 화엄선(華嚴禪)의 대가인 규봉종밀(圭峰宗密 : 780~841) 선사와 황벽희운(黃檗希運 : ?~850) 선사에게 사사하여 두 고승의 저작에 서문을 쓰고, 황벽 선사의 법어집인 『전심법요(傳心法要)』를 편찬하였다. 당 무종(武宗)이 일으킨 회창(會昌 : 841~846)의 폐불 사건 때는 속세에 숨어사는 위앙종의 개조 위산영우(潙山靈祐 : 771~853) 선사를 위산 동경사(同慶寺)에 모시기도 하였다. 『경덕전등록』에 배휴 거사가 황벽 선사를 처음 만나는 선화가 전하는데, 이 일화는 '황벽형의(黃檗形儀)'라는 화두가 되어 『선문염송집(禪門拈頌集)』 등 여러 공안집에 수록되어 있다.

有大禪師, 法諱希運, 住洪州高安縣黃檗山鷲峯下.
유대선사　법휘희운　주홍주고안현황벽산취봉하

대선사가 있었는데
법휘는 희운이고
홍주 고안현 황벽산 취봉 아래에 주석하셨다.

乃曹溪六祖[2]**之嫡孫, 西堂百丈之法姪.**[3]
내조계육조　지적손　서당백장지법질

조계육조의 적손이고
백장의 사법제자이며 서당의 법질이시다.

---

2) 조계는 육조혜능(638~713)을 말하는데 5조 홍인에게 법을 전해 받은 후 그의 지시에 따라 영남으로 가서 홍법(弘法)한 지명으로 현재의 광동성 곡강현이다. 조계(曹谿)는 보통 조계(曹溪)라고 쓴다. 선불교에서 조계(曹溪)라는 말이 있는데 다음과 같이 유래를 밝히고 있다. 『祖庭事苑』권1:「寶林傳, 唐儀鳳中. 居人曹叔良施地六祖大師, 居之地有雙峯大溪. 因曹侯之姓, 曰曹溪.」(『속장경』권64, p.314, c3-4) 『보림전』에 당 의봉년간(676~678)에 거사 조숙량이 육조대사에게 땅을 시주하여 그곳에 살도록 했는데 거기에는 쌍봉과 큰 계곡이 있었다. 조후의 성을 따서 조계(曹溪)라 했다.

3) 육조혜능 → 남악회양(677~744) → 마조도일(709~788) → 백장회해(720~814) → 황벽희운으로 이어지는데 서당지장(735~814)은 백장회해와 같은 위치이기에 "백장의 아들이요, 서당의 조카이다."라고 해야 옳다.

獨佩最上乘[4]離文字之印.

독패최상승 리문자지인

단지 최상승만 지니고 문자의 그림자를 여의었다.

唯傳一心更無別法.

유전일심갱무별법

오직 한 마음만 전했을 뿐 다시 다른 법은 없었다.

心體亦空萬緣俱寂.

심체역공만연구적

마음의 본체 또한 비어서 만 가지 인연이 모두 공적했다.

---

[4] '최상승'이라는 것은 여기서는 달마 직전(直傳) 불법의 본의라는 의미이며, 보다 직접적으로 남종선의 돈오법문을 가리킨다. 이 말은 『金剛般若波羅蜜經』권1 : 「須菩提! 以要言之, 是經有不可思議不可稱量無邊功德. 此法門, 如來爲發大乘者說, 爲發最上乘者說.」(『대정장』권8, p.755, a2-4) 수보리야! 요컨대 이 경은 불가사의하고 헤아릴 수 없고 한량없는 공덕이 있다. 여래께서는 대승심을 낸 사람을 위하여 설했으며 최상승심을 낸 사람을 위하여 설했다.
『南宗頓教最上大乘摩訶般若波羅蜜經六祖惠能大師於韶州大梵寺施法壇經』권1 : 「萬法盡通, 萬行俱備, 一切不離, 但離法相, 作無所得, 是最上乘」(대정장)권48, p.343, a13-14) 일체의 만법을 모두 통달하고 만행을 두루 갖추어 일체의 경계를 떠나지 않고서 법상을 여의고 얻은 것이 없으면 그것이 최상승인 것이다. 또 영가현각(永嘉玄覺 : 675~713)의 『증도가』는 옛날에 『최상승불성가(最上乘佛性歌)』라 불렀다.

如大日輪昇虛空中, 光明照曜淨無纖埃.
여대일륜승허공중   광명조요정무섬애

마치 큰 태양이 허공에 떠올라
광명을 비추어 빛을 내니 맑아 작은 먼지도 없는 것과 같으셨다.

證之者無新舊無淺深.
증지자무신구무천심

깨달음을 증득한다는 것은
새로움과 오래됨이 없고 얕음과 깊음이 없다.

說之者不立義解不立宗主, 不開戶牖.
설지자불립의해불립종주   불개호유

설법하는데 이론이나 분석을 세우지 않고
종지의 개조開祖를 내세우지 않고
일파一派를 건립하지도 않는다.

直下便是, 動念即乖, 然後爲本佛.
직하변시   동념즉괴   연후위본불

곧바로 가령 번뇌 망념에 움직이면
즉시 근본과 어그러진 연후에
본래 부처가 된다.

故其言簡其理直, 其道峻其行孤.
고기언간기리직 기도준기행고

그러므로 그 말씀이 간명하고 이 법은 직절直截하며
그의 말씀은 험준險峻하고 그의 행은 고고孤高하였다.

四方學徒望山而趨, 覩相而悟, 往來海眾常千餘人.
사방학도망산이추 도상이오 왕래해중상천여인

모든 지방의 수행자들이 황벽산을 바라보고 달려와 운집하여
모두 선사를 보고 개오하니
오고 가는 대중이 바다와 같이 많아서 항상 천여 명이었다.

予會昌二年廉于鍾陵, 自山迎至州, 憩龍興寺, 旦夕問道.
여회창이년렴우종릉 자산영지주 게룡흥사 단석문도

나는 회창 2년(842) 관찰사로서 종릉에 재임했을 때
선사를 황벽산에서 홍주의 수부首府로 초청하여 맞이해
용흥사의 주지로 모시고
조석으로 가르침을 물었다.

大中二年廉于宛陵，復去禮迎至所部，
대중이년렴우완릉　부거례영지소부

安居開元寺，旦夕受法．
안거개원사　단석수법

대중 2년(848) 완릉의 관찰사로 재임했을 때
주재(駐在) 수부로 재차 맞이하여
거기의 개원사에 머무시도록 하고
조석으로 가르침을 받았다.

退而紀之，十得一二，佩爲心印不敢發揚．
퇴이기지　십득일이　패위심인불감발양

이 가르침을 퇴근해서 집에서 기록하려고 했지만
열 가지 중에 한 둘만 기록했지만
마음의 지표로 삼아 지니고 다니면서
감히 밖으로 드러내 발표하지 못했다.

今恐入神精義不聞於未來, 遂出之授門下僧大舟法建,
금공입신정의불문어미래　수출지수문하승대주법건

歸舊山之廣唐寺, 問長老法眾,
귀구산지광당사　문장로법중

與往日常所親聞, 同異如何也.
여왕일상소친문　동이여하야

이제 신령스러운 경지에 드신 그 정묘한 뜻이
미래에 전하여지지 못할까 두려워하여 드디어 내어놓으니
문하생인 대주·법건 스님들에게 주어서
황벽산의 광당사로 돌아가
장로들과 청법 대중에게
지난날 몸소 듣던 바와 같은지 다른지를 묻게 하였다.

唐大中十一年十一月初八日序
당대중십일년십일월초팔일서

당나라 대중 11년(857) 11월 8일 서문을 쓰다.

한 마음 깨치면
부처다

師謂休曰, 諸佛與一切眾生,[5] 唯是一心, 更無別法.
사위휴왈　제불여일체중생　　　유시일심　갱무별법

선사께서 배휴에게 일러 말씀하셨다.
모든 부처님과 일체 중생은
오직 이 한마음일 뿐
또 다른 어떠한 법도 없다.

---

5) 『大方廣佛華嚴經80권』권10 「夜摩天宮菩薩說偈品16」:「心佛及眾生, 是三無差別.」(『대정장』권 9, p.465, c29-p.466, a1) 마음과 부처와 중생은 차별이 없다.
『大乘入楞伽經』권4 「無常品3」:「若知但是心, 分別則不生.」(『대정장』권16, p.614, b23) 만약 단 지 마음인 것임을 안다면 분별은 곧 일어나지 않는다.
『法王經』권1 : 「一切佛, 一切眾生, 同一性相一體無異. 眾生之心自起分別, 佛是眾生, 眾生是 佛.」(『대정장』권85, p.1385, a25- 27) 일체의 부처와 일체의 중생은 그 본체도 모양도 동일하 며 일체이어서 차이가 없다. 중생의 마음이 스스로 분별을 일으킬 뿐 부처가 곧 중생이고 중생 이 곧 부처이다.
『景德傳燈錄』권29 : 보지화상「四十科頌」佛與眾生一種, 眾生即是世尊.」(『대정장』권51, p.450, c29 - p.451, a1) 부처와 중생은 한 종류이어서 중생이 곧 세존이다.

此心無始已來, 不曾生不曾滅, 不青不黃,[6] **無形無相.**
차심무시이래　　부증생부증멸　　불청불황　　무형무상

이 마음은 본래부터 일찍이
생기지도 않았고 없어진 적도 없으며
푸르지도 않고 누렇지도 않으며
형체도 없고 모양도 없다.

不屬有無, 不計新舊, 非長非短, 非大非小.
불속유무　　불계신구　　비장비단　　비대비소

있고 없음에 속하지도 않으며
새롭거나 낡은 것이라고 헤아릴 수도 없으며
길지도 않고 짧지도 않으며
크지도 않고 작지도 않다.

---

6) 『頓悟入道要門論』권1 :「問. 其心似何物. 答. 其心不青不黃, 不赤不白, 不長不短, 不去不來, 非垢非淨, 不生不滅, 湛然常寂. 此是本心形相也, 亦是本身. 本身者, 即佛身也.」(『속장경』권 63, p.18, b10-13) 묻길, 그 마음은 무엇과 같은가? 대답하길, 그 마음은 푸르지도 않고 누렇지도 않으며 붉지도 않고 또한 희지도 않으며 길지도 짧지도 않으며, 오는 것도 아니고 가는 것도 아니며 더럽지도 않으며 깨끗하지도 않으며 생하지도 않고 멸하지도 않아서 항상 담연하여 상적하다. 이것이 본심의 모습인 것이며 또한 본신이라고도 한다. 본신이란 것은 곧 불신을 말한다.

超過一切限量名言縱跡對待, 當體[7]便是, 動念即乖.[8]
초과일체한량명언종적대대　당체　변시　동념즉괴

일체의 수치와 표현을 초과해 있으며
어떠한 자취와 상대적인 접근법으로부터 멀리 떠나 있는
그 자체 그대로가 바로 그것이며
그것에 대하여 사념을 일으키면 곧바로 어긋난다.

猶如虛空無有邊際不可測度.
유여허공무유변제불가측도

마치 허공과 같아서 끝이 없으며 측량할 수도 없다.

唯此一心卽是佛, 佛與衆生更無別異.
유차일심즉시불　불여중생갱무별이

오직 이 한마음이 그대로 부처일 뿐
부처와 중생이 다시 다를 것이 없다.

---

[7] 當體(당체)는 '바로 그 자체가 그대로 그것이다'라는 의미인데 당말부터 송대에 걸쳐 애용된 술어로서 '그것 자체'에 가깝다. 비슷한 말로서는 적체(敵體), 극체(剋體), 철체(徹體), 전체(全體) 등이 있다.

[8] 『鎭州臨濟慧照禪師語錄』권1: 「擬心卽差, 動念卽乖.」(『대정장』권47, p.501, b9-10) 마음을 헤아리면 곧 근본과 어긋나고, 망념이 일어나면 근본과 어긋난다.

但是眾生著相外求, 求之轉失, 使佛覓佛, 將心捉心,
단시중생착상외구　구지전실　사불멱불　장심착심

窮劫盡形終不能得.[9]
궁겁진형종불능득

단지 중생은 모양에 집착하여 밖에서 부처를 구하고자 하기 때문에
그것을 구하고자 하면 할수록 더욱더 잃으며, 부처로 하여금
부처를 찾게 하거나, 마음을 가지고 마음을 붙잡고자 한다면
수많은 시간이 지나고 이 몸이 다할지라도 끝내 얻지 못한다.

不知息念忘慮佛自現前.
부지식념망려불자현전

마음을 쉬고 생각을 잊어버리면
부처는 저절로 눈앞에 나타난다는 사실을 알지 못한다.

此心即是佛, 佛即是眾生.
차심즉시불　불즉시중생

이 마음이 그대로 부처이고, 부처가 곧 중생이다.

---

9) 『諸方門人參問語錄』권1 : 「心是佛, 不用將佛求佛. 心是法, 不用將法求法.」마음이 부처이니 부처를 가지고 부처를 구하지 말라. 마음이 법이니 법을 가지고 법을 구하지 말라.(『속장경』권63, p.26, a5-6)
『信心銘』권1 : 「將心用心豈非大錯」(『대정장』권48, p.376, c18) 마음을 가지고 마음을 쓰니 어찌 크게 잘못된 것이 아니겠는가? 여기에서 이렇게 말한 이유는 최상승선은 철저히 반야바라밀이 되어야 하기 때문에 자취와 흔적이 남으면 안 됨을 강조하기 위함이다.

爲眾生時此心不減, 爲諸佛時此心不添,
위중생시차심불감　위제불시차심불첨

乃至六度¹⁰⁾萬行河沙功德, 本自具足不假修添.
내지육도　만행하사공덕　본자구족불가수첨

중생일 때도 이 마음은 줄지 않고
부처일 때도 이 마음은 늘지도 않으며
심지어 육도만행과 항하사와 같은 수많은 공덕이
본래 그 자체에 구족하고 있어 닦아 더할 필요가 없다.

遇緣即施, 緣息即寂.
우연즉시　연식즉적

인연을 만나면 곧 시행하고, 인연이 그치면 곧 고요하다.

若不決定信此是佛, 而欲著相修行以求功用,
약불결정신차시불　이욕착상수행이구공용

皆是妄想, 與道相乖.
개시망상　여도상괴

만약 그것이 부처인 것을 결코 믿지 않고, 겉모습에 집착하여
수행하며 그것에 의하여 과보를 구하고자 한다면
모두 망상일 뿐, 도와는 서로 어긋난다.

---

10) 六度(육도)는 보시, 지계, 인욕, 정진, 선정, 지혜의 6바라밀을 말하는데 度(도)는 'paramita'의 번역으로 '필경, 완성'이라는 뜻이다.

此心卽是佛, 更無別佛, 亦無別心.[11]
차심즉시불 갱무별불 역무별심

이 마음이 바로 부처이고, 다시 다른 부처가 없고
또한 다른 마음도 없다.

此心明淨, 猶如虛空無一點相貌.
차심명정 유여허공무일점상모

이 마음이 밝고 깨끗하기가
마치 허공과 같아서 한 점의 모양도 없다.

擧心動念卽乖法體, 卽爲著相.
거심동념즉괴법체 즉위착상

마음을 일으켜 생각을 움직이면 곧 법의 본체와 어긋나
모양에 집착하게 된다.

無始已來無著相佛.
무시이래무착상불

시작함이 없이 지금에 이르도록 모양에 집착한 부처는 없다.

---

11) 일반적으로 마음이 곧 부처이다(卽心是佛)라는 마조도일 선사가 주창한 말로 유명하지만 『화엄경』의 '心佛及衆生是三無差別'의 입장을 고수하고 있는 것이다. 또 『佛說觀無量壽佛經』 권1 : 「是心作佛, 是心是佛.」(『대정장』권12, p.343, a21) '마음이 부처를 만드니 마음이 곧 부처이다'라고 한 것도 참조할 만하다.

修六度萬行欲求成佛, 即是次第.
수육도만행욕구성불　즉시차제

육도만행을 수행해서 부처를 이루고자 한다면
그것은 단계적인 것이다.

無始已來無次第佛.
무시이래무차제불

시작함이 없이 오늘에 이르기까지
단계적인 수행을 하여 부처가 된 이는 없다.

但悟一心, 更無少法可得,[12]
단오일심　갱무소법가득

此即真佛,[13] 佛與眾生一心無異.
차즉진불　불여중생일심무이

다만 이 일심을 깨닫기만 하면
다시 작은 법도 얻을 것이 없으며, 이것이 곧 참된 부처여서
부처와 중생은 한마음이어서 다름이 없다.

---

12) 『金剛般若波羅蜜經』권1 :「如是, 如是! 須菩提! 我於阿耨多羅三藐三菩提乃至無有少法可得, 是名阿耨多羅三藐三菩提.」(『대정장』권8, p.751, c21-23) 그러하고 그러하다. 수보리여! 나의 최상의 깨달음조차도 작은 법도 얻을 바가 없기에 아뇩다라삼먁삼보리라 이름 한다.

13) 『永嘉證道歌』권1 :「法身覺了無一物, 本源自性天真佛.」(『대정장』권48, p.395, c10-11) 법신을 깨달아 요달하면 한 물건도 없으니 본원 자성이 천진불이다.

猶如虛空[14]無雜無壞, 如大日輪照四天下.
유여허공　무잡무괴　여대일륜조사천하

마치 허공과 같아서 잡됨도 무너짐도 없으며
마치 태양이 온 천하를 비추는 것과 같다.

日升之時明遍天下, 虛空不曾明,
일승지시명편천하　허공부증명

日沒之時暗遍天下, 虛空不曾暗.
일몰지시암편천하　허공부증암

해가 뜰 때 온 천하를 비추지만
허공은 일찍이 밝은 적이 없으며
해가 질 때 온 천하가 어둡지만
허공은 일찍이 어두운 적이 없다.

明暗之境自相陵奪, 虛空之性廓然不變.
명암지경자상릉탈　허공지성확연불변

밝고 어두운 두 가지 경계가 서로 침범하여 빼앗을지라도
허공의 본성은 텅 비어 변하지 않는다.

---

14) 허공에는 주야의 교체에 의한 명암의 변화는 보이지만 허공 그 자체는 불변하다고 하는 비유인데, 우리의 불성은 허공과 같아서 미혹함과 깨달음은 각각 다름이 있으나 깨달음의 본성은 원래 다르지 않음을 말하고 있다.

佛及衆生心亦如此.
불급중생심역여차

부처와 중생 마음이 또한 이와 같다.

若觀佛作淸淨光明解脫之相,
약관불작청정광명해탈지상

觀衆生作垢濁暗昧生死之相,
관중생작구탁암매생사지상

作此解者歷河沙劫終不得菩提, 爲著相故.
작차해자력하사겁종부득보리　위착상고

만약 부처를 관하면서 청정한 광명 해탈의 모습을 생각하거나
중생을 관하면서 더럽고 탁하고 어두워
생사에 윤회하는 모습을 짓는다면
이러한 견해를 지으면 항하사와 같은 수많은 세월이 지나더라도
끝내 깨달음을 체득하지 못한 것은
모양에 집착했기 때문이다.

唯此一心更無微塵許法可得, 卽心是佛.
유차일심갱무미진허법가득　즉심시불

오직 이 한마음일 뿐 다시 티끌만한 어떤 법도 얻을 수 없으며
이 마음이 부처이다.

如今學道人, 不悟此心體, 便於心上生心,
여금학도인　불오차심체　변어심상생심

向外求佛, 著相修行.
향외구불　착상수행

지금 도를 배우는 사람들은
이 마음의 본체를 깨닫지 못하고
곧바로 마음 위에서 마음을 내고
밖을 향해 부처를 구하고
또 모양에 집착하여 수행하고 있다.

皆是惡法, 非菩提道.
개시악법　비보리도

모두 악법이지
깨달음의 도는 아니다.

무심이
도이다

供養十方諸佛,[15] **不如供養一個無心**[16]**道人.**
공양시방제불　　　불여공양일개무심　도인

시방의 모든 부처님들께 공양하는 것이
한 사람의 무심도인에게 공양하는 것만 못하다.

---

15) 『四十二章經註』권1 : 「飯千億三世諸佛, 不如飯一無念無住無修無證之者.」『속장경』권37, p.662, b5-6) 천억의 삼세 제불에게 공양하는 것보다 무념, 무주, 무수, 무증의 수행자에게 올리는 것만 못하다.

16) 無心(무심)은 일체의 분별의식이 끊어진 마음. 더구나 그것은 영묘한 작용을 일상생활에서 발휘한다. 『景德傳燈錄』권5 : 「司空本淨章」若欲求佛即心是佛. 若欲會道無心是道. 日云何即心是佛. 師日. 佛因心悟心以佛彰. 若悟無心佛亦不有. 日云何無心是道. 師日. 道本無心無心名道. 若了無心無心即道.」『대정장』권51, p.242, b27-c2) 만약 부처를 구하고자 하면 곧 마음이 부처이다. 만약 도를 깨달으려면 무심이 도이다. 말하길, 어떤 것이 곧 마음이 부처입니까? 스님께서 말하길, 부처는 마음을 인연하여 깨닫는 것이고 마음으로써 부처를 나타낸다. 만약 무심을 깨달으면 부처 또한 있지 않다. 말하길, 무엇이 무심이 도입니까? 스님께서 말하길, 도는 본래 무심이고 무심은 도의 이름이다. 만약 무심을 요달하면 무심이 곧 도이다.

何故, 無心者無一切心也.
하고 무심자무일체심야

왜냐하면 무심이란 일체 모든 망념이 없기 때문이다.

如如之體,¹⁷⁾ 內如木石不動不搖, 外如虛空不塞不礙,
여여지체   내여목석부동불요   외여허공불새불애

無能所無方所, 無相貌無得失.
무능소무방소   무상모무득실

여여한 본체는
안으로는 목석과 같아서 움직이지도 않고 흔들리지도 않으며
밖으로는 허공과 같아서 막히지도 않고 걸리지도 않으며
주관과 객관도 없으며 방향과 처소도 없으며
모양이나 자태도 없으며 얻음과 잃음도 없다.

趨者不敢入此法, 恐落空無棲泊處故.¹⁸⁾
추자불감입차법   공락공무서박처고

달아나는 것은 감히 이 법에 들어오지 못하고
공에 떨어져 깃들여 머무를 곳이 없을까 두려워하기 때문이다.

---

17) 如如(여여)는 본래 있는 그대로 본연의 존재를 말한다. 『金剛般若波羅蜜經』권1 : 「不取於相, 如如不動.」(『대정장』권8, no. 235, p. 752, b27) 모양을 취하지 않고 있는 그대로 움직이지 않는 것이다.
『維摩詰所說經』1 「菩薩品4」: 「夫如者不二不異」(『대정장』권14, p.542, b14-15) 대저 여라는 것은 둘이 아니고 다르지 않는 것이다.

望崖而退, 例皆廣求知見.
망애이퇴　예개광구지견

벼랑만 보고 물러나, 대개 모두 널리 지견을 구하고 있다.

所以求知見者如毛,[19] 悟道者如角.
소이구지견자여모　　오도자여각

그래서 지견을 구하는 사람은 그 수가 털처럼 많지만
도를 깨닫는 이는 소의 뿔과 같다.

文殊當理,[20] 普賢當行.
문수당리　　보현당행

문수보살은 이치의, 보현보살은 실행의 구현자로서 각각 상징된다.

---

18) 『景德傳燈錄』권28 :「南陽慧忠章」日本來無莫落空否. 師曰, 空既是無墮從何立.」『대정장』권51, p.439, a18-19) 말하길, 본래 없다면 공에 떨어진 것이 아닙니까? 스님께서 말하길, 공은 이미 없는데 어떤 곳에서부터 떨어졌음을 세우겠는가?
『宗鏡錄』권90 :「莫怕落空沈斷見. 萬法皆從此處生..」『대정장』권48, p.910, a27) 공에 떨어지고 단견에 빠지는 것을 두려워하지 말라. 만법은 모두 이곳에서부터 생긴다.
『景德傳燈錄』권28 :「大珠慧海章」文殊於無住本立一切法, 曰莫同太虛否. 師曰, 汝怕同太虛否? 曰怕. 師曰, 解怕者不同太虛.」『대정장』권51, p.443, b6-8) 문수가 무주를 근본으로 일체법을 세운다고 말하는데 태허와 같은 것이 아닙니까? 스님께서 말하길, 그대는 태허와 같이 두려워하는가? 두려워합니다. 스님께서 말하길, 두려움을 아는 것은 태허와 같지 않다.
『龐居士語錄』권2 :「若有發心者, 直須學無作. 莫道怕落空, 得空亦不惡.』『속장경』권69, p.137, c9-10) 만약 발심하는 사람이 있다면 참으로 반드시 무작을 배워야 한다. 공에 떨어지는 것을 두렵다고 말하지 말라. 공을 얻는 것도 또한 나쁘지 않다.

19) 여기서 여모(如毛)란 무수히 많은 것. 여각(如角)이란 극히 근사한 것을 말하는 것이다.

20) 각 보살이 표현하는 덕(德)은 모든 사람들에게 본래 구족되어 있다고 본다.

理者眞空無礙之理, 行者離相無盡之行.
리자진공무애지리　행자리상무진지행

이치는 진공으로 걸림이 없는 도리이고
실행이란 모양을 여읜 무한한 실천의 행이다.

觀音當大慈, 勢至當大智.
관음당대자　세지당대지

관세음보살은 큰 자비를
대세지보살은 큰 지혜를 상징한다.

維摩者淨名也,[21] 淨者性也, 名者相也.
유마자정명야　정자성야　명자상야

유마라는 것은 정명이고
정이란 청정한 성품이고
명이란 그 청정한 모습이 드러난 것이다.

性相不異, 故號淨名.
성상불이　고호정명

본 성품과 현상이 다르지 않기에 정명이라 이름 한다.

---

21) 유마는 '유마힐(Vmalakirti)'의 약어이다. 'Vmala'는 淨(정), 'kirti'는 名(명)이다.

諸大菩薩所表者人皆有之, 不離一心悟之卽是.
제대보살소표자인개유지　불리일심오지즉시

여러 위대한 보살들이 현현한 덕도 사람들이 모두 가지고 있는데
일심을 여읜 것이 아니기에 깨달으면 곧 그것이다.

今學道人, 不向自心中悟, 乃於心外著相取境, 皆與道背.
금학도인　불향자심중오　내어심외착상취경　개여도배

지금 도를 배우는 사람은 자기 마음에서 깨달으려 하지 않고
마음 밖에서 모양에 집착하고 경계를 취하여
모두 도와 위배되고 있다.

恒河沙者, 佛說是沙, 諸佛菩薩釋梵諸天步履而過,
항하사자　불설시사　제불보살석범제천보리이과

沙亦不喜.
사역불희

갠지스 강의 모래라는 것은 부처님께서 말씀하시길
이 모래는 모든 불보살, 제석천, 범천 등 모든 천신들의 발이
밟고 지나가더라도 모래는 또한 기뻐하지 않는다.

牛羊蟲蟻踐踏而行, 沙亦不怒.
우양충의천답이행　사역불노

소, 양, 벌레, 개미 등이 밟고 지나가도 모래는 역시 성내지 않는다.

珍寶馨香沙亦不貪, 糞尿臭穢沙亦不惡.
진보형향사역불탐　분뇨취예사역불오

금은보배와 향수 또한 모래는 탐하지 않으며
분뇨와 더러운 악취 또한 모래는 미워하지 않는다.

此心即無心之心, 離一切相, 眾生諸佛更無差別.
차심즉무심지심　리일체상　중생제불갱무차별

이러한 마음이 곧 무심한 마음이다.
일체 모든 모양을 여의면, 중생과 제불이 다시 차별이 없다.

但能無心, 便是究竟.
단능무심　변시구경

다만 무심하면, 곧바로 구경각이다.

學道人若不直下無心, 累劫修行終不成道,
학도인약부직하무심　누겁수행종불성도
被三乘功行拘繫不得解脫.
피삼승공행구계부득해탈

도를 배우는 사람이 만약 곧바로 무심하지 않으면
오랜 세월 동안 수행하더라도 끝내 도를 이루지 못하고
도리어 삼승의 단계적인 공부에 얽매여 해탈하지 못하게 된다.

然證此心有遲疾,[22] **有聞法一念便得無心者.**
연증차심유지질　　유문법일념변득무심자

그러나 이 마음을 증득하는데 더딤과 빠름이 있어서
법문을 듣고 한 생각에 곧바로 무심한 사람도 있다.

有至十信十住十行十迴向乃得無心者.[23]
유지십신십주십행십회향내득무심자

십신, 십주, 십행, 십회향에 이르러서야 무심을 증득하는 사람도 있다.

長短得無心乃住, 更無可修可證, 實無所得, 眞實不虛.
장단득무심내주　　갱무가수가증　　실무소득　　진실불허

길고 짧음이 있어도 무심을 체득하고 이에 머물면
다시 수행하고 증득할 것이 없다.
진실로 얻을 것이 없으며, 진실로 허망하지도 않다.

---

22) 도를 추구하려고 결심하여 수행하는 입장과 본래부터 도를 깨달은 입장이 명확하게 구별되어야 한다. 늦다든지 빠르다든지 하는 것은 수행을 시간적으로 보는 것이며, 본래 자각의 문제와는 이질적이다. 남북의 두 종파가 대립하는 동기가 되는 돈점(頓漸)의 구별도 역시 같은 주장의 발전이다. 선의 본질은 견성성불에 있는 것이므로 본래시불(本來是佛)의 입장과는 다르다. 훗날 마조가 "도는 수행을 필요로 하지 않는다. 단지 더럽히지 않기만 하면 된다."고 하고 "行住坐臥 應機接物(행주좌와 응기접물)이 모두 도이다."라고 한 말은 그러한 수행의 늦고 빠름에 관한 논의 중에서 가장 우수한 결론으로 볼 수 있다.

23) 대승불교에서는 보살의 수행 단계를 십신, 십주, 십행, 십회향, 십지, 등각, 묘각의 52위로 나눈다. 이 중 10지에 대해서는 여러 가지 설이 있다. 일반적으로 3승에 공통하는 것은 『대지도론』권78에 보이는 乾惠地, 性地. 八人地, 見地, 薄地, 離欲地, 已辨地, 支拂地, 菩薩地, 佛地이다. 중국불교에서 강조하는 것은 『화엄경』『인왕경』 등에 보이는 10지인데 歡喜地, 離垢地, 發光地, 焰惠地, 難勝地, 現前地, 遠行地, 不動地, 善惠地, 法雲地이다.

一念而得, 與十地而得者, 功用恰齊, 更無深淺,
일념이득　여십지이득자　공용흡제　갱무심천

秖是歷劫枉受辛勤耳.
지시력겁왕수신근이

한 생각에 체득하거나, 십지에 체득한 것이라도
그 작용은 흡사 같아서, 다시 깊고 얕음이 없으며
단지 체득하지 못하면 영겁의 세월이 헛되이 괴로움을 받을 뿐이다.

造惡造善皆是著相, 著相造惡枉受輪迴.
조악조선개시착상　착상조악왕수륜회

악을 짓거나 선을 짓는 것도 모두 모양에 집착한 것이다.
모양에 집착하여 악을 지으면 헛되이 생사윤회의 고통을 받게 된다.

著相造善枉受勞苦, 總不如言下便自認取本法.[24]
착상조선왕수로고　총불여언하변자인취본법

모양에 집착하여 선을 지으면 쓸데없이 괴로움을 받게 된다.
그러므로 모두 말끝에 곧바로
스스로 본래의 법을 깨닫는 것만 못하다.

---

24)『宗鏡錄』권98 :「不如言下自認取本法. 此法卽心, 心外無法. 此心卽法, 法外無心.」(『대정장』권 48, p.944, a7-8)에 말 끝에 스스로 본래의 법을 인식하는 것만 못하다. 이 법은 곧 마음이고, 마음 밖에 법이 없으며 이 마음이 곧 법이고 법 밖에 마음이 없다.

此法即心, 心外無法, 此心即法, 法外無心.
차법즉심　심외무법　차심즉법　법외무심

이 법이 곧 마음이고
마음 밖에 법이 없다.
이 마음이 곧 법이고
법 밖에 마음이 없다.

心自無心, 亦無無心者, 將心無心, 心却成有.
심자무심　역무무심자　장심무심　심각성유

마음 자체가 무심하면
또한 무심이라는 것도 없다.
장차 마음을 무심하려고 하면
마음은 도리어 유심이 된다.

默契而已, 絶諸思議.
묵계이이　절제사의

거기에는 묵묵히 계합할 뿐
모든 사변이 끊어졌다.

故曰言語道斷心行處滅,[25] 此心是本源淸淨佛,[26] 人皆有之.
고왈언어도단심행처멸　차심시본원청정불　인개유지

그러므로 언어의 길이 끊어지고 사념과 행위도 없다고 말한다.
이 마음이 본래 청정한 부처이며
사람들이 모두 가지고 있다.

蠢動含靈與諸佛菩薩一體不異, 秖爲妄想分別造種種業果.
준동함령여제불보살일체불이　지위망상분별조종종업과

꿈틀거리며 움직이는 중생이나
모든 제불과 보살이 한 몸체여서 다를 것이 없다.
단지 망상분별 때문에 여러 가지 업을 지을 뿐이다.

---

25) 『頓悟入道要門論』권1 : 「問. 經云, 言語道斷, 心行處滅, 其義如何. 答. 以言顯義, 得義言絶, 義卽是空, 空卽是道, 道卽是絶言, 故云言語道斷. 心行處滅, 謂得義實際, 更不起觀, 不起觀故. 卽是無生. 以無生故. 卽一切色性空. 色性空故. 卽萬緣俱絶. 萬緣俱絶者, 卽是心行處滅.」(『속장경』권63, p.20, c16-20) 묻길, 경에 언어의 길이 끊어지고 마음이 작용하는 곳이 없다고 했는데 그 뜻이 어떠합니까? 대답하길, 말로써 뜻을 나타냄에 뜻을 얻으면 말이 필요 없다, 뜻은 공이고 공은 도이다, 도는 말을 초월해 있기 때문에 언어의 길이 끊어졌다고 하는 것이다. 마음이 작용하는 곳이 없다고 한 것은 의미의 실상(공)을 체득했기 때문에 다시는 관찰할 마음을 일으키지 않는 것을 말한다. 관찰할 마음을 일으키지 않기 때문에 생함이 없는 것이다. 생함이 없기 때문에 모든 물질의 본질이 공한 것이다. 모든 물질의 본질이 공하기 때문에 만 가지 연이 모두 끊어지는 것이다. 만 가지 연이 모두 끊어진다는 것은 곧 마음이 작용하는 곳이 멸했다는 것이다.

26) 정유진 역 『신회의 단어 연구』p.190 '但自知本體寂淨, 空無所有, 亦無住著, 等同虛空, 無處不遍. 卽是諸佛眞如身.' 다만 스스로 본체가 적정하고 공하여 소유할 것이 없는 줄 알면 집착하는 것도 없고 허공과 같이 어디에도 두루하지 않는 것이 없다. 이것이 제불의 진여법신이다.

본원청정심
本源清淨心

本佛上實無一物, 虛通寂靜, 明妙安樂而已.
본불상실무일물　　허통적정　　명묘안락이이

본래의 부처에는 진실로 하나의 물건도 없어서
텅 비어 고요하고
밝고 오묘하며 안락할 뿐이다.

深自悟入, 直下便是, 圓滿具足更無所欠.
심자오입　　직하변시　　원만구족갱무소흠

스스로 깊이 깨달아 들어가면
곧바로 부처이어서
모든 덕이 원만히 구족되어 다시 모자랄 바가 없다.

縱使三秪精進修行歷諸地位, 及一念證時,
종사삼지정진수행력제지위   급일념증시

秪證元來自佛, 向上更不添得一物.
지증원래자불   향상갱불첨득일물

설사 삼대아승지겁을 정진 수행하여 모든 지위를 지내더라도
한 생각 증득하는 순간에
단지 원래 자기의 부처를 깨달았을 뿐
그 위에 다시 한 물건도 보탤 것이 없다.

却觀歷劫功用, 總是夢中妄爲.
각관력겁공용   총시몽중망위

도리어 깨달음에서 지나간 지혜 작용을 돌이켜보면
모두 꿈속의 허망한 행위임을 알게 된다.

故如來云,[27] 我於阿耨菩提實無所得.
고여래운   아어아뇩보리실무소득

그러므로 여래께서 말씀하시길
내가 아뇩다라삼먁삼보리에서 진실로 얻을 것이 없다.

---

27) 『金剛般若波羅蜜經』권1 : 「須菩提白佛言, 世尊! 佛得阿耨多羅三藐三菩提, 爲無所得耶?」
(『대정장』권8, p.751, c20-21) 수보리가 부처님께 아뢰길, 세존이시여! 부처가 최상의 깨달음을 체득한 것은 얻을 바가 없음을 깨달은 것입니까?

若有所得，然燈佛則不與我授記.
약유소득　연등불즉불여아수기

만약 얻을 바가 있다면
연등불께서 나에게 수기를 주지 않았을 것이라고 하셨다.

又云，是法平等，無有高下，是名菩提.[28]
우운　시법평등　무유고하　시명보리

또 말씀하시길
이 법은 평등하여 높고 낮음이 없기에
보리라고 이름한다.

即此本源淸淨心，與眾生諸佛世界山河，
즉차본원청정심　여중생제불세계산하
有相無相遍十方界，一切平等無彼我相.
유상무상편시방계　일체평등무피아상

이 본원청정심은
중생과 제불과 산하대지와
모양 있는 것과 모양 없는 것 등 시방세계의
일체 모든 것과 평등하여 너다 나다 라는 차별의 모양이 없다.

---

28) 『金剛般若波羅蜜經』:「須菩提! 是法平等, 無有高下, 是名阿耨多羅三藐三菩提」(『대정장』권8, p.751, c24-25) 수보리야! 이 법은 평등하여 높고 낮음이 없으므로 아뇩다라삼먁삼보리라고 한다.

此本源淸淨心, 常自圓明遍照.
차본원청정심　상자원명편조

이 본원청정심은
항상 스스로 원명하게 널리 일체를 비춘다.

世人不悟, 秖認見聞覺知爲心,
세인불오　지인견문각지위심

爲見聞覺知所覆, 所以不覩精明本體.[29]
위견문각지소복　소이부도정명본체

세상 사람들은 깨닫지 못하고
단지 외적인 지견과 인식을 마음 자체라고 인식하고
그 견문각지에 덮여서
그래서 밝은 본체를 보지 못한다.

---

29) 精明이라는 것은 본원적인 청정심에 갖추어진 절묘한 밝고 깨끗함을 말한다. 精明이라는 말은 『능엄경』에 자주 사용되는 말이다. 『鎭州臨濟慧照禪師語錄』권1 : 「在眼曰見, 在耳曰聞, 在鼻嗅香, 在口談論, 在手執捉, 在足運奔. 本是一精明, 分爲六和合」(『대정장』권47, p.497, c4-6) 눈으로는 보며 귀로는 듣고 코로는 냄새를 맡으며 입으로는 대화하고 손으로는 잡고 발로는 걷고 있는 것. 본래 이는 하나의 정명이지만 나누면 육근이 된다.

但直下無心，本體自現，
단직하무심　본체자현

如大日輪昇於虛空遍照十方更無障礙.
여대일륜승어허공편조시방갱무장애

다만 지금 무심하기만 하면
본체는 저절로 나타나는 것이
마치 큰 태양이 허공에 떠올라 시방법계를 두루 비추어
다시는 장애가 없는 것과 같다.

故學道人唯認見聞覺知施爲動作，空却見聞覺知，
고학도인유인견문각지시위동작　공각견문각지

即心路絕無入處.
즉심로절무입처

그러므로 도를 배우는 사람이
오직 견문각지만을 축으로 하여 영위하고 행동하는 것이나
그 근거가 되는 견문각지를 텅 비워 버리면
곧 사념의 길이 끊어져
어느 곳에도 사념이 들어갈 틈이 없게 된다.

但於見聞覺知處認本心,[30] 然本心不屬見聞覺知,
단어견문각지처인본심　　연본심불속견문각지

亦不離見聞覺知.
역불리견문각지

다만 보고 듣고 느끼고 아는 곳에서만
본래의 마음을 인식하라.
그렇지만 본래의 마음 그 자체는
보고 듣고 느끼고 아는 것에도 속하지 않으며
또한 견문각지를 여읜 것도 아니다.

但莫於見聞覺者上起見解, 亦莫於見聞覺知上動念,
단막어견문각자상기견해　　역막어견문각지상동념

亦莫離見聞覺知覓心, 亦莫捨見聞覺知取法.
역막리견문각지멱심　　역막사견문각지취법

다만 자신의 견문각지에서 견해를 일으키지 말고
또한 견문각지에서 생각을 움직이지 말며
또한 견문각지에서 마음을 찾지 말며
또한 견문각지를 버리고 법을 취하지 말라.

---

30) 『無心論』권1 : 「夫無心者即真心也, 真心者即無心也.」(『대정장』권85, p.1269, c16) 대저 무심은 곧 진심이고 진심은 곧 무심이다.

不卽不離, 不住不著, 縱橫自在無非道場.
부즉불리　부주불착　종횡자재무비도량

의거하지도 여의지도 않으며
머물거나 붙어 있지도 않으며
마음대로 하여 도량 아닌 곳이 없다.

世人聞道, 諸佛皆傳心法, 將謂心上別有一法,[31]
세인문도　제불개전심법　장위심상별유일법

可證可取, 遂將心覓法, 不知心卽是法法卽是心.
가증가취　수장심멱법　부지심즉시법법즉시심

세상 사람들은 제불이 모두 마음의 법을 전했다는 말을 듣고
언제나 마음 상에 특별한 하나의 법이 있어
증득할 수 있고 취할 수 있다고 하여
마침내 마음을 가지고 법을 찾기 때문에
마음이 곧 법이고 법이 곧 마음임을 알지 못한다.

不可將心更求於心, 歷千萬劫終無得日.
불가장심갱구어심　력천만겁종무득일

마음을 가지고 다시 마음을 구하는 것은 안 되며
천만 겁이 지나도 끝내 체득하는 날이 없을 것이다.

---

31) 將謂(장위)는 '언제나, 잘못 생각하다, 오해하다'라는 의미이다. 將爲(장위)라고도 쓴다.

不如當下無心, 便是本法.
불여당하무심　　변시본법

지금 즉시 무심한 것만 못하니
그 무심이 본래 법이다.

如力士迷額內珠[32] 向外求覓, 周行十方終不能得,
여력사미액내주　　향외구멱　　주행시방종불능득

智者指之當時自見本珠如故.
지자지지당시자견본주여고

마치 역사가 이마에 보배 구슬이 있는 줄 모르고
밖에서 구슬을 찾아 시방세계를 두루 다녀 보았지만
끝내 찾지 못하다가
지혜 있는 사람이 그것을 가르쳐 주면
그 자리에서 스스로 본래 구슬을 보는 것과 같은 까닭이다.

---

[32] 『대반열반경』「여래성품」에 보이는 우화이다. 어떤 王家(왕가)에 시중 들고 있던 역사는 미간에 다이아몬드를 끼고 있었지만 수시로 다른 역사와 다투다가 머리를 부딪치는 바람에 다이아몬드가 피부 속으로 함몰하여 보이지 않았다. 그런 사실을 모른 그는 그것을 분실한 것이라고 생각하여 슬퍼했지만 후에 良醫(양의)로부터 그것의 소재를 가르쳐 받고 알게 되면서 부사의한 생각을 했다고 하는 이야기이다.

故學道人迷自本心不認爲佛, 遂向外求覓起功用行,
고학도인미자본심불인위불　수향외구멱기공용행

依次第證, 歷劫勤求永不成道.
의차제증　력겁근구영불성도

그러므로 도를 배우는 사람도
자기의 본심에 미혹하여 부처인 것을 알지 못하고
밖으로 찾아다니며 수행을 하고
순차를 의지해서 증득하려 하지만
오랜 겁 동안 부지런히 찾지만 영원히 도를 이루지 못한다.

不如當下無心, 決定知一切法, 本無所有亦無所得,
불여당하무심　결정지일체법　본무소유역무소득

無依無住, 無能無所, 不動妄念便證菩提.
무의무주　무능무소　부동망념변증보리

지금 즉시 무심한 것만 못하다.
일체의 모든 법이 본래 소유할 것이 없고
또한 얻을 것도 없으며
의지할 것도 없고 머무를 것도 없으며
주관과 객관도 없음을 결정코 알아서
망념에 움직이지 않으면 곧바로 깨달음을 증득할 것이다.

及證道時秖證本心佛.
급증도시지증본심불

그리고 도를 증득할 때
단지 본래 마음이 부처임을 증득하는 것이다.

歷劫功用並是虛修.
력겁공용병시허수

오랜 겁 동안의 수행은 모두 헛된 수행일 뿐이다.

如力士得珠時, 秖得本額珠, 不關向外求覓之力.
여력사득주시   지득본액주   불관향외구멱지력

역사가 보배 구슬을 얻을 때
단지 본래 이마에 있는 구슬을 얻었을 뿐
밖에서 찾아 헤맨 노력과는 관계가 없는 것이다.

故佛言, 我於阿耨菩提實無所得.
고불언   아어아뇩보리실무소득

그러므로 부처님께서 말씀하시길
내가 아뇩다라삼먁삼보리에서 진실로 얻은 바가 없다고 말씀하셨다.

恐人不信故引五眼所見五語所言.[33)]
공인불신고인오안소견오어소언

세상 사람들이 믿지 못할까 두려워서
다섯 가지 눈과 다섯 가지 말을 예로 든 것이다.

眞實不虛是第一義諦.[34)]
진실불허시제일의제

진실로 허망하지 않은 가르침
이것이 최고 제일의 진리이다.

---

33) 『금강경』에 나오는 말인데 五眼(오안)은 육안, 천안, 혜안, 법안, 불안을 말하고, 五語(오어)는 『金剛般若波羅蜜經』권1 : 「須菩提! 如來是眞語者,實語者,如語者,不誑語者,不異語者.」『대정장』권8, p.750, b27-28) 수보리야! 여래는 진실을 설하고, 여실하게 설하고, 여법하게 설하고, 거짓되고 허황된 말을 하지 않고, 그릇된 법문을 하지 않는다.

34) 第一義諦(제일의제)는 뛰어난 뜻을 소유한 진리. 최고의 진리. 완전한 진리. 뛰어난 깨달음의 지혜를 깊이 궁구한 경지. 승의제(勝義諦), 진제(眞諦)와 동일.

불생불멸이
바로 부처다

學道人莫疑, 四大爲身,[35] **四大無我, 我亦無主.**
학도인막의　사대위신　　　사대무아　아역무주

도를 배우는 사람은 의심하지 말라.
사대를 몸이라 하지만
사대는 자아가 없고
자아 또한 주체가 없다.

故知此身無我, 亦無主.
고지차신무아　역무주

그러므로 이 몸은 자아도 없고
또한 주체도 없음을 알아야 한다.

---

35) 『維摩詰所說經』권2 「文殊師利問疾品5」: 「四大合故, 假名爲身 ; 四大無主, 身亦無我」(『대정장』 권14, p.544, c29 - p.545, a1) 사대가 화합한 까닭으로 임시로 몸이라 이름한다. 사대는 주체가 없고 몸 또한 자아가 없다.

五陰[36]爲心, 五陰無我, 亦無主.
오음   위심   오음무아   역무주

오음을 마음이라 하지만
오음은 자아가 없고
또한 주체도 없다.

故知此心無我, 亦無主.
고지차심무아   역무주

그러므로 이 마음은 자아가 없고
또한 주체도 없음을 알아야 한다.

六根六塵六識,[37] 和合生滅, 亦復如是.
육근육진육식   화합생멸   역부여시

육근, 육진, 육식이
화합하고 생멸하는 것도
또한 이와 같다.

---

36) 五陰(오음)은 구체적인 하나하나의 존재를 성립하고 있는 다섯 가지 요소. 즉, 色受想行識(색수상행식)을 말한다. 五蘊(오온)이라고도 한다.

37) 六根(육근)은 눈, 귀, 코, 혀, 몸, 생각(眼耳鼻舌身意根)이고, 六塵(육진)은 색성향미촉법(色聲香味觸法)이고 六境(육경)이라고 하며 감각과 지각 작용의 대상이 되는 객관세계의 총칭이며, 六識(육식)은 육근을 바탕으로 하여 육경에 각각 대응하여 분별하는 여섯 가지의 마음 작용으로 안이비설신의식(眼耳鼻舌身意識)이다.

十八界³⁸⁾旣空, 一切皆空, 唯有本心, 蕩然³⁹⁾淸淨.
십팔계   기공   일체개공   유유본심   탕연   청정

18계가 이미 공하면
일체 모두가 공하다.
오직 본래의 마음만 있어서
텅 비어 청정하다.

有識食,⁴⁰⁾ 有智食.
유식식   유지식

분별의 양식과
지혜의 양식이 있다.

---

38) 十八界(십팔계)는 육근, 육진, 육식을 합하여 18계라 한다. 즉 18가지 범주란 의미이다. 이들은 일체의 존재를 인식하는 구성 요소를 분석한 것으로써 제법의 존재 형태를 규정하는 요소이기도 하지만 그러나 각 요소에 실체로서의 자아를 가지지 않는 점에서 공한 것이다.

39) 蕩然(탕연)은 자취 없이 된 모양으로 蕩蕩地(탕탕지)라고도 하는데 아무 것에도 구애됨 없이 자유자재인 모습을 말한다. 『大慧普覺禪師語錄』권21 : 「三界二十五有十二處十八界空蕩蕩地.」 (『대정장』권47, p.899, a28) 삼계, 이십오유, 십이처, 십팔계가 텅 비어 아무 것도 구애됨이 없이 자유자재하다.

40) 『觀心論』권1 : 「又持齋者, 有五種. 一者法喜食, 所謂依如來正法歡喜奉行. 二者禪悅食, 所謂內外證寂身心悅樂. 三者念食, 所謂常念諸佛心口相應. 四者願食, 所謂行住坐臥常求善願. 五者解脫食, 所謂心常淸淨不染俗塵.」(『대정장』권85, p.1272, b14-19) 또 공양이라는 것은 다섯 종류가 있으니 첫 번째 법희식은 이른바 여래의 정법에 의지해 기쁘게 받들어 행하는 것을 말하고, 두 번째 선열식은 이른바 안팎으로 적정함을 증득하여 몸과 마음으로 기뻐하고 즐거워하는 것을 말하고, 세 번째 염식은 이른바 항상 제불을 생각함이 마음과 입이 서로 상응하는 것을 말하고, 네 번째 원식은 이른바 행주좌와에 항상 선근공덕의 원력행을 구함을 말하고, 다섯 번째 해탈식은 이른바 마음이 항상 청정하여 세속에 물들지 않는 것을 말한다.

四大之身飢瘡爲患, 隨順給養不生貪著, 謂之智食.
사대지신기창위환　수순급양불생탐착　위지지식

사대로 이루어진 몸은 주림과 부스럼이 근심이 되지만
시절인연에 따라 돌보아 주면 탐착심을 내지 않는 것을
지혜의 양식이라 한다.

恣情取味, 妄生分別, 惟求適口, 不生厭離, 謂之識食.
자정취미　망생분별　유구적구　불생염리　위지식식

마음대로 맛있는 것을 골라
망령되게 분별심을 내어
오직 입에 맞는 것만 구하고
싫어함을 내지 않는 것을
분별의 양식이라 한다.

聲聞者, 因聲得悟, 故謂之聲聞.
성문자　인성득오　고위지성문

성문이라는 것은
부처님의 설법 소리를 듣고 깨달았기에
성문이라 한다.

但不了自心, 於聲教上起解, 或因神通,
단불료자심　어성교상기해　혹인신통

或因瑞相言語運動, 聞有菩提涅槃, 三僧祇劫,
혹인서상언어운동　문유보리열반　삼승지겁

修成佛道, 皆屬聲聞道, 謂之聲聞佛.
수성불도　개속성문도　위지성문불

다만 자기 마음을 깨닫지 않고
귀로 듣는 가르침에서 이해하고
혹은 신통을 인연하기도 하고
혹은 상서로운 모양, 언어, 행동 등을 인연하고
보리 열반이 있다는 설법을 듣고
삼대아승지겁 동안
수행하여 불도를 이루려고 하는 것은
모두 성문의 도에 속하며 성문불이라 한다.

唯直下頓了自心本來是佛，無一法可得，無一行可修，
유직하돈료자심본래시불　무일법가득　무일행가수

此是無上道，此是真如佛.
차시무상도　차시진여불

오직 당장에 자기의 마음이 본래 부처임을 단박에 깨달아
하나의 법도 얻을 것이 없고
하나의 행도 닦을 것이 없는
이것이 위없는 도이며
이것이 진여불이다.

學道人秖怕一念有，即與道隔矣.
학도인지파일념유　즉여도격의

도를 배우는 사람은
단지 한 생각이 있다는 것을 두려워해야 한다.
도의 장애를 준다.

念念無相，念念無爲，即是佛.
염념무상　염념무위　즉시불

생각 생각마다 모양이 없고
생각 생각마다 함이 없는 것이
곧 부처이다.

學道人若欲得成佛, 一切佛法,
학도인약욕득성불　일체불법

總不用學, 唯學無求無著.
총불용학　유학무구무착

도를 배우는 사람은 만약 부처가 되고자 한다면
일체 모든 불법을
모두 배우지 않고
오직 구함이 없고 집착함이 없음을 배워라.

無求即心不生, 無著即心不滅, 不生不滅[41]即是佛.
무구즉심불생　무착즉심불멸　불생불멸　즉시불

구함이 없으면 곧 마음이 일어나지 않고
집착함이 없으면 곧 마음이 소멸하지 않으며
나지도 없어지지도 않는 것이 곧 부처이다.

---

41) 不生不滅(불생불멸), 이 말은 반야경 계통에서 자주 사용하는 말이다. 『반야심경』에서는 일체의 존재가 연기로 말미암아 생겼을 뿐 실체를 가지지 않는다는 입장에서 不生(불생), 不滅(불멸), 不垢(불구), 不淨(부정), 不增(부증), 不減(불감)의 여섯 가지를 말하지만 『중론』에서는 不生(불생), 不滅(불멸), 不斷(불단), 不常(불상), 不一(불일), 不異(불이), 不來(불래), 不去(불거)의 8종류를 말한다. 『능가경』권3에서는 불생불멸을 여래의 다른 이름이라고 하고 있다. 여기서는 반야공의 입장이 아니라 망념의 起滅(기멸)이 없는 것을 강조하고 있다.

허공이
법신이다

八萬四千法門, 對八萬四千煩惱,[42] 秪是教化接引門.
팔만사천법문　대팔만사천번뇌　　지시교화접인문

팔만사천 법문은 팔만사천 번뇌에 대응하는 설법이어서
단지 미혹한 사람을 교화하여 인도하는 방편문일 뿐이다.

本無一切法, 離即是法, 知離者是佛.[43]
본무일체법　리즉시법　지리자시불

본래 일체 모든 법은 없으며
여읨이 곧 법이고
여읨을 아는 자가 부처이다.

---

42) 『南宗頓教最上大乘摩訶般若波羅蜜經六祖惠能大師於韶州大梵寺施法壇經』권1 : 「善知識! 我此法門從一般若生八萬四千智惠. 何以故? 爲世人有八萬四千塵勞」(『대정장』권48, p.340, a21-22) 여러분! 우리의 남종 돈교법은 하나의 반야로부터 팔만사천 가지의 지혜가 나온다. 왜냐하면 세상 사람들에게 팔만사천 가지의 번뇌가 있기 때문이다.

43) 『金剛般若波羅蜜經』권1 : 「離一切諸相, 則名諸佛.」(『대정장』권8, p.750, b9) 일체의 모든 모양을 여읜 것, 곧 제불이라 한다.

但離一切煩惱, 是無法可得.
단리일체번뇌　시무법가득

단지 일체 모든 번뇌를 여의기만 하면
얻을 법은 없는 것이다.

學道人若欲得知要訣, 但莫於心上著一物.
학도인약욕득지요결　단막어심상착일물

도를 배우는 사람이 수행 방법의 비결을 알고 싶다면
단지 마음에 어떠한 것도 집착하지 말아야 한다.

言佛真法身,[44] **猶若虛空, 此是喻法身即虛空, 虛空即法身.**
언불진법신　유약허공　차시유법신즉허공　허공즉법신

부처의 참된 법신은
허공과 같다고 말하는데
이것은 법신은 곧 허공이고
허공이 곧 법신인 것을 비유한 것이다.

---

44) 『金光明經』권2「四天王品6」:「佛真法身, 猶如虛空, 應物現形, 如水中月.」(『대정장』권16, p.344, b3-5) 부처의 참된 법신은 마치 허공과 같아서 사물에 응하여 형상을 나타내는 것이 물 속의 달과 같다.
『大般涅槃經』권37「迦葉菩薩品12」:「故說佛性猶如虛空.」(『대정장』권12, p.581, a10-11) 그러므로 부처의 성품은 마치 허공과 같다고 말씀하셨다.
『楞伽師資記』권1 :「所以法身清淨, 猶若虛空.」(『대정장』권85, p.1283, b29) 그러므로 법신이 청정한 것이 마치 허공과 같다.

常人謂法身遍虛空處, 虛空中含容法身,
상인위법신편허공처　　허공중함용법신

不知虛空卽法身, 虛空卽法身也.
부지허공즉법신　　허공즉법신야

세상 사람들은 법신이 허공에 편만하고
허공 중에 법신을 포함하고 있다고 말하지만
허공이 곧 법신인 줄 알지 못하는데, 허공이 곧 법신이다.

若定言有虛空, 虛空不是法身.
약정언유허공　　허공불시법신

만약 결정적으로 허공이 있다고 말하면, 허공은 법신이 아니다.

若定言有法身, 法身不是虛空.
약정언유법신　　법신불시허공

만약 결정적으로 법신이 있다고 말하면, 법신은 허공이 아니다.

但莫作虛空解, 虛空卽法身.
단막작허공해　　허공즉법신

다만 허공이라는 알음알이를 짓지 말라.
허공이 곧 법신이기 때문이다.

莫作法身解, 法身即虛空.
막작법신해　법신즉허공

법신이라는 알음알이를 짓지 말라.
법신이 곧 허공이다.

虛空與法身無異相.
허공여법신무이상

허공과 법신은 다른 모습이 없다.

佛與眾生無異相, 生死與涅槃無異相,
불여중생무이상　생사여열반무이상
煩惱與菩提無異相.
번뇌여보리무이상

부처와 중생은 다른 모습이 없으며
생사와 열반도 다른 모습이 없으며
번뇌와 보리도 다른 모습이 없다.

離一切相即是佛.[45]
리일체상즉시불

일체의 모든 모습을 여의면 곧 부처이다.

---

45) 『金剛般若波羅蜜經』권1 : 「離一切諸相, 則名諸佛」(『대정장』권8, p.750, b9) 일체의 모든 상을 여의면 곧 제불이라 한다.

凡夫取境, 道人取心.
범부취경　도인취심

범부는 대상 경계를 취하지만
도인은 마음을 취한다.

心境雙忘,[46] 乃是眞法.
심경쌍망　내시진법

마음과 대상 경계를 다 잊으면
진실한 법이다.

忘境猶易, 忘心至難.
망경유이　망심지난

대상 경계를 잊는 것은 오히려 쉽지만
마음을 잊는 것은 지극히 어렵다.

---

46) 『永嘉證道歌』권1 : 「痕垢盡除光始現. 心法雙忘性卽眞.」(『대정장』권48, p.396, b23-24) 흔적인 때를 다 제거하면 빛이 비로소 나타나고, 마음과 법이 다 없어지면 성품은 곧 진실하다.

人不敢忘心, 恐落空無撈摸處,
인불감망심　공락공무로모처

不知空本無空, 唯一眞法界耳.[47]
부지공본무공　유일진법계이

세상 사람들이 감히 마음을 잊지 못하는 것은
공에 떨어져 붙잡을 것이 없을까 두려워하기 때문인데
공은 본래 공이라는 것도 없고
오직 하나의 진실한 법계일 뿐임을 알지 못하기 때문이다.

此靈覺性[48] 無始已來與虛空同壽,[49] 未曾生未曾滅,
차령각성　무시이래여허공동수　미증생미증멸
未曾有未曾無, 未曾穢未曾淨, 未曾喧未曾寂,
미증유미증무　미증예미증정　미증훤미증적
未曾少未曾老, 無方所無內外, 無數量無形相,
미증소미증로　무방소무내외　무수량무형상
無色像無音聲, 不可覓不可求, 不可以智慧識,
무색상무음성　불가멱불가구　불가이지혜식
不可以言語取, 不可以境物會, 不可以功用到.
불가이언어취　불가이경물회　불가이공용도

---

47) 화엄종의 세계관으로 모든 종류의 존재가 제각기 독자적인 본연의 모습을 보유하면서 더구나 그 차별의 모습 그대로 전체가 하나의 진법계를 형성하고 있다는 취지이다.

이 신령스러운 지혜 작용의 본성은
비롯함이 없는 옛날부터 허공과 수명이 같아서
일찍이 생겨나지도 않았고 일찍이 없어지지도 않았으며

---

48) 靈覺性(영각성)은 부처나 중생의 본원을 이루는 자성청정심, 이 청정심에 갖추어진 영묘한 지혜를 가리킨다. 『達磨大師血脈論』권1 : 「佛是西國語, 此土云覺性. 覺者靈覺, 應機接物, 揚眉瞬目, 運手動足, 皆是自己靈覺之性. 性即是心, 心即是佛. 佛即是道, 道即是禪.」(『속장경』권63, p.3, c18-20) 부처는 서방의 말로 우리나라에서는 각성이라고 한다. 각이라는 것은 영각으로 지혜에 응하고 사물에 접하여 눈썹을 치켜뜨고 눈을 깜박이고 손발을 움직이지만 모두 자기의 영각의 성품이다. 성품은 곧 마음이고 마음은 곧 부처이다. 부처는 곧 도이고, 도는 곧 선이다.

49) 『宗鏡錄』권14 : 「馬祖大師云, 汝若欲識心, 秖今語言, 即是汝心. 喚此心作佛, 亦是實相法身佛, 亦名爲道. 經云, 有三阿僧祇百千名號, 隨世應處立名. 如隨色摩尼珠, 觸靑即靑, 觸黃即黃, 體非一切色. 如指不自觸, 如刀不自割, 如鏡不自照, 隨緣所見之處. 各得其名. 此心與虛空齊壽, 乃至輪廻六道, 受種種形, 即此心未曾有生, 未曾有滅. 爲衆生不識自心, 迷情妄起諸業受報, 迷其本性. 妄執世間風息. 四大之身, 見有生滅, 而靈覺之性, 實無生滅. 汝今悟此性, 名爲長壽, 亦名如來壽量, 喚作本空不動性. 前後諸聖秖會此性爲道. 今見聞覺知, 元是汝本性, 亦名本心, 更不離此心別有佛」(『대정장』권48, p.492, a10-23) 마조 대사가 이르길, 그대가 만약 마음을 알고자 한다면 단지 지금 말하는 것이 곧 그대의 마음일 뿐이다. 이 마음을 부처라 하고 또한 실상법신불이라 부르고 또한 도라 이름한다. 경에 이르길, 삼아승지겁의 백 천이나 되는 명호가 있는 것은 세간의 인연에 따라 이름을 세우기 때문이다. 대상에 따라 그 색이 변화하는 마니주와 같이 파란색의 대상을 만나면 파랗게 되고, 노란색의 대상을 만나면 노랗게 되지만 그 본체는 아무런 색도 띠고 있지 않다. 손가락은 스스로 자신을 만질 수가 없으며, 칼은 스스로 자신을 자를 수가 없고, 거울은 스스로 자신을 비추어 볼 수 없듯이 인연에 따라 보는 바에 각각 그 이름을 붙여 주는 것이다. 이 마음은 허공과 그 나이가 같아서 설령 육도를 끊임없이 윤회하여 각양각색의 형체로 바뀌어 태어나도, 그 마음만은 결코 생겨나지도 멸하지도 않고 불변하는 것이다. 그러나 어리석은 중생은 자신의 마음을 알지 못하고 문득 미혹한 마음을 일으켜 갖가지 업을 지어 그 과보를 받으며, 본성을 잃은 채 망령되이 속세의 풍류에만 집착하고 있는 것이다. 그러나 사대로 이루어진 육신은 생멸하지만, 영각의 성품은 진실로 생멸하지 않는다. 그대가 지금 이 본성을 깨닫게 되면 장수라 이름하고 또한 여래수량이라 하고 본공부동성이라 한다. 과거와 미래의 제불이 단지 이 성품을 도라 하여 깨달았다. 그대가 견문각지 하는 것이 본래 그대의 본 성품이고 또한 본래심이라 하며 다시 이 마음을 여의고 따로 부처가 있는 것은 아니다.

『景德傳燈錄』권8 : 「汾州無業章」汝等見聞覺知之性, 與太虛同壽不生不滅.」(『대정장』권51, p.257, b2-3) 그대들의 견문각지의 성품은 태허와 수명이 같아서 생하거나 멸하지도 않는다.

일찍이 있지도 않았고 일찍이 없지도 않았으며
일찍이 더럽지도 않았고 일찍이 깨끗하지 않았으며
일찍이 시끄럽지도 않았고 일찍이 고요한 적도 없었으며
일찍이 젊은 적도 없었고 일찍이 늙은 적도 없었으며
방향과 장소도 없고 안팎이 없으며
셀 수 있는 수량도 없으며 형상도 없으며
색상도 없고 음성도 없으며, 찾을 수도 없으며 구할 것도 없으며
지혜로서 알 수 있는 것도 아니고, 언어로써 취할 수도 없으며
대상의 물건으로 알 수 있는 것도 아니고
노력해서 도달할 수 있는 것이 아니다.

諸佛菩薩與一切蠢動含靈, 同此大涅槃性.
제불보살여일체준동함령　동차대열반성

제불 보살과 일체 모든 꿈틀거리는 것들이
이 대열반의 성품이 하나이다.

性即是心, 心即是佛,[50] 佛即是法.
성즉시심　심즉시불　　불즉시법

성품이 곧 마음이고, 마음이 곧 부처이며, 부처가 곧 법이다.

---

50) 『達磨大師血脈論』권1 : 「故經云. 眾生應知佛性本自有之. 迦葉只是悟得本性. 本性即是心. 心即是性. 性即此同諸佛心. 前佛後佛只傳此心.」(『속장경』권63, p.3, b21-23) 그러므로 경에 이르길, 중생들은 불성이 본래 자기에게 있음을 응당히 알아라. 가섭이 단지 본성을 체득하여 깨달은 것이고 본성은 곧 마음이고, 마음은 곧 본성이다. 본성은 곧 제불의 마음과 같다.

一念離眞, 皆爲妄想.
일념리진   개위망상

한 생각이라도 진실을 여의면
모두 망상이 된다.

不可以心更求于心, 不可以佛更求於佛, 不可以法更求於法.
불가이심갱구우심   불가이불갱구어불   불가이법갱구어법

마음으로써 다시 마음을 구하지 말며
부처를 가지고 다시 부처를 구하지 말며
법을 가지고 다시 법을 구하지 말라.

故學道人直下無心默契而已, 擬心即差.[51]
고학도인직하무심묵계이이   의심즉차

그러므로 도를 배우는 사람은
지금 당장에 무심하여 묵연히 계합할 뿐
마음을 계교하면 곧 어긋난다.

---

51) 『鎭州臨濟慧照禪師語錄』권1:「擬心即差, 動念即乖.」(『대정장』권47, p.501, b9-10) 마음으로 헤아리면 곧 근본과 차이가 나고 망념으로 움직이면 곧 근본과 어긋난다.
『禪源諸詮集都序』권1:「荷澤大師云, 擬心即差.」(『대정장』권48, p.405, a11) 하택 대사가 이르길, 마음으로 헤아리면 곧 근본과 차이가 난다.
『肇論』권1:「至理虛玄, 擬心已差, 況乃有言, 恐所示轉遠.」(『대정장』권45, p.157, a9) 지극한 이치는 텅 비어 현묘하여 마음으로 헤아리면 이미 어긋나게 된다.

以心傳心, 此爲正見.⁵²⁾

이심전심　차위정견

마음으로써 마음을 전하는, 이것이 정견이다.

愼勿向外逐境, 認境爲心, 是認賊爲子.⁵³⁾

신물향외축경　인경위심　시인적위자

제발 밖을 향해 대상 경계를 쫒지 말라.
대상 경계를 인정하여 마음이라고 하면
도적을 인정하여 아들이라고 하는 것과 같다.

爲有貪嗔癡, 卽立戒定慧.⁵⁴⁾

위유탐진치　즉립계정혜

탐·진·치가 있기에, 곧 계·정·혜를 세운 것이다.

---

52) 『古尊宿語錄』권2:「百丈大智禪師章」祇如今但莫作佛見, 涅槃等見. 都無一切有無等見, 亦無無見, 名正見.」(『속장경』권68, p.10, c15-17) 예를 들어 지금 다만 부처를 본다거나 열반 등의 견해를 짓지 말라. 일체 모든 유무의 견해는 전혀 없으며, 또한 없다는 견해도 없는 것을 정견이라 이름 한다.

53) 『大佛頂如來密因修證了義諸菩薩萬行首楞嚴經』권1:「佛告阿難:「此是前塵虛妄相想惑汝眞性. 由汝無始至于今生認賊爲子, 失汝元常故受輪轉.」(『대정장』권19, p.108, c19-21) 부처님께서 아난에게 말씀하시길, 이것은 앞의 육진의 허망한 모습을 생각하여 그대의 참 성품을 미혹하게 하는 것이다. 이것으로 말미암아 그대는 시작이 없이 지금에 이르도록 지금 도적을 아들로 잘못 알고 그대의 본래 항상하는 마음을 잃어버렸기 때문에 생사의 윤회를 받느니라.

54) 戒定慧(계정혜)는 삼학이라고 충칭되는 불도수행의 기본 과정으로 계에는 계법(계율), 계행(실천), 계상(하나하나의 내용). 계체(계를 받았을 때 받은 사람의 몸속에 계율을 간직할 청정한 능력이 생겨나 영원히 잃어버리지 않는 것)를 계율의 4과라 한다.

本無煩惱, 焉有菩提.
본무번뇌　언유보리

본래 번뇌가 없으니
어찌 보리가 있겠는가?

故祖師云,⁵⁵⁾ 佛說一切法, 爲除一切心.
고조사운　불설일체법　위제일체심

그러므로 조사께서 말씀하시길
부처님께서 일체의 법을 설하신 것은
일체의 번뇌 망념을 제거하기 위함이다.

我無一切心, 何用一切法.
아무일체심　하용일체법

나에게 일체의 마음이 없으니
어찌 일체의 법이 소용 있겠는가? 하셨다.

---

55) 『禪源諸詮集都序』권2 : 「六祖大師云, 佛說一切法, 爲度一切心. 我無一切心, 何須一切法.」 (『대정장』권48, p.411, b8-10) 육조 대사께서 이르길, 부처님께서 일체의 모든 법을 설하는 것은 일체의 마음을 제도하기 위함이다. 나는 일체 모든 마음이 없는데 어찌 일체의 모든 법을 사용하지 않는가?

本源淸淨佛上, 更不著一物,
본원청정불상　갱불착일물

譬如虛空雖以無量珍寶莊嚴, 終不能住.
비여허공수이무량진보장엄　종불능주

본래 근원이 청정한 부처에게는
다시 어떤 것도 붙일 수 없는 것을
비유하면 마치 허공에 비록 셀 수 없는 보배로 장엄할지라도
끝내 머물 수 없는 것과 같다.

佛性同虛空, 雖以無量功德智慧莊嚴, 終不能住.
불성동허공　수이무량공덕지혜장엄　종불능주

불성도 허공과 같아서
비록 무량한 공덕과 지혜로 장엄한다 하더라도
끝내 머물 수 없다.

但迷本性, 轉不見耳.
단미본성　전불견이

다만 본래의 성품이 미혹하여
더욱더 보지 못할 뿐이다.

所謂心地法門,[56] 萬法皆依此心建立.
소위심지법문   만법개의차심건립

이른바 심지법문은
만법이 모두 이 마음에 의지하여 건립되는 것이다.

遇境即有, 無境即無, 不可於淨性上轉作境解.
우경즉유   무경즉무   불가어정성상전작경해

대상 경계를 만나면 곧 마음이 있고
대상 경계가 없으면 곧 마음이 없는 것이니
청정한 성품 위에 대상 경계의 알음알이를 짓지 말라.

---

56) 마음을 만법의 근원이라고 여기는 입장으로부터 그것을 만물을 생성하는 대지에 비교하여 心地(심지)라고 한 것이다. 『大乘本生心地觀經』권8 「觀心品10」:「三界唯心, 心名爲地.」(『대정장』권3, p.327, a26) 삼계는 오직 마음뿐 마음을 이름하여 지라 한다.
『梵網經』권1 :「蓮花臺藏世界盧舍那佛所說心地法門品.」(『대정장』권24, p.997, b14-15) 연화대장세계 노사나불이 심지법문품을 설하신 바이다.
『馬祖道一禪師廣錄(四家語錄卷一)』권1 :「一切法, 皆是心法, 一切名, 皆是心名. 萬法皆從心生, 心爲萬法之根本.」(『속장경』권69, p.3, a18-19) 일체의 법은 모두 마음의 법이고 일체의 이름은 모두 마음의 이름이다. 만법은 모두 마음으로부터 생하기 때문에 마음은 만법의 근본이 된다.
『鎭州臨濟慧照禪師語錄』권1 :「道流!山僧說法, 說什麼法? 說心地法.」(『대정장』권47, p.498, a5-6) 여러분! 나의 설법은 어떤 법을 설하는가? 심지법을 설한다.
『楞伽阿跋多羅寶經』권1 :「昔達磨西來, 既已傳心印於二祖, 且云 :「吾有《楞伽經》四卷, 亦用付汝, 即是如來心地要門, 令諸眾生開示悟入.」(『대정장』권16, p.479, b3-5) 옛날에 달마 대사가 서쪽에서 오셔서 이미 심인을 2조에게 전했는데 달마 대사가 이르길, 나에게 4권『능가경』이 있는데 또한 그대에게 부촉하니 곧 여래의 심지법문인데 모든 중생들로 하여금 법을 설하여 깨닫게 한다.
『景德傳燈錄』권5 :「南嶽懷讓章」禮拜問曰, 如何用心即合無相三昧. 師曰, 汝學心地法門如下種子.」(『대정장』권51, p.240, c28 - p.241, a1) 예배하고 물어 말하길, 어떻게 마음을 쓰면 무상삼매에 합치할 수 있습니까? 스님께서 말하길, 그대가 심지법문을 배우는 것은 종자를 심는 것과 같다.

所言定慧鑑用[57]歷歷, 寂寂惺惺見聞覺知,
소언정혜감용　력력　적적성성견문각지

皆是境上作解, 暫爲中下根人說即得.
개시경상작해　잠위중하근인설즉득

소위 정혜의 비추는 작용이 역력하다든가
적적하여 성성한 견문각지가
모두 대상 경계에서 알음알이를 내는 것이니
이는 잠시 중하근기의 사람들을 위하여 설하는 것이다.

若欲親證, 皆不可作如此見解, 盡是境縛.
약욕친증　개불가작여차견해　진시경박

만약 몸소 깨닫고자 한다면
모두 이와 같은 견해를 지어서는 안 된다.
모두 경계에 속박되는 것이다.

---

57) 선정과 지혜의 뛰어난 작용을 만물이 있는 그대로 비추는 거울에 비유한 것이다.

法有沒處, 沒於有地.[58]
법유몰처　몰어유지

법이 매몰됨이 있다면
있다는 것에 매몰된 것이다.

但於一切法不作有無見, 卽見法[59]也.
단어일체법부작유무견　즉견법　야

다만 일체의 모든 법에
있다거나 없다는 견해를 짓지 않으면
곧 법을 친견하게 될 것이다.

---

[58] 『景德傳燈錄』권30:「五臺山鎭國大師澄觀答皇太子問心要章」然有證有知則慧日沈沒於有地. 若無照無悟則昏雲掩蔽於空門.」(『대정장』권51, p.459, b28-29) 그러나 증득했다거나 아는 것이 있다면 곧 지혜의 해가 땅에 침몰한다. 만약 비춤도 없고 깨달음도 없다면 어두운 구름이 깨달음을 덮어 버리는 것이다.

[59] 『般若燈論釋』권13「觀如來品22」:「能見緣起者. 是名爲見法.」(『대정장』권30, p.120, c8) 인연이 일어나는 것을 볼 수 있는 것이 법을 본다고 말한다.
『成實論』권15「智相品189」:「不動不轉不憂不怖. 從此已來名爲見法.」(『대정장』권32, p.362, b10-11) 움직이지 않고 전변하지도 않고 근심하지도 않고 두렵지도 않는 이것으로부터 지금까지 법을 본다고 말한다.

마음을
망각忘却 하라

九月一日,⁶⁰⁾ 師謂休曰, 自達摩大師⁶¹⁾到中國,
구월일일　　사위휴왈　　자달마대사　　도중국

唯說一心, 唯傳一法.
유설일심　　유전일법

9월 1일, 선사께서 배휴에게 일러 말씀하시길
달마 대사께서 중국에 오신 이후로
오직 한 마음만 말씀하셨고, 오직 한 법만 전하셨다.

以佛傳佛, 不說餘佛.
이불전불　　불설여불

부처로서 부처를 전하고, 다른 부처의 말씀은 전하지 않았다.

---

60) 배휴의 서문으로부터 추측하면 회창 2년(842)부터 대중년간(847)까지의 사이에 어떤 해 9월일 것이지만 정확히 어느 해인지는 결정할 방법이 없다.

61) 達摩大師(달마대사)는 선종의 초조로서 달마에 관한 현존하는 가장 오래된 전기 자료는 『이입사행론』 제1단의 벽두에 나오는 제자 담림의 서문이다. 물론 엄밀한 의미에서 이입사행에 대한 서문이기 때문에 전기는 아니다. 게다가 달마란 이름조차도 적혀 있지 않다. 그러나 도선(596-667)의 『속고승전』 이후 이것이 달마의 달마전기 기본 자료가 된다. 담림의 서와 도선이 남긴 전기 내용과는 상당한 차이가 있다.

以法傳法, 不說餘法.
이법전법　불설여법

법으로서 법을 전하고, 다른 법은 말씀하지 않았다.

法即不可說之法, 佛即不可取之佛, 乃是本源淸淨心也.
법즉불가설지법　불즉불가취지불　내시본원청정심야

법은 설명할 수 없는 법이며, 부처는 곧 가지지 못하는 것이 부처이니, 곧 이것이 본원청정심이다.

唯此一事實, 餘二則非眞.[62)]
유차일사실　여이즉비진

오직 이 하나의 일만이 진실일 뿐, 나머지 둘은 진실이 아니다.

般若爲慧,[63)] 此慧即無相本心也.
반야위혜　차혜즉무상본심야

반야는 지혜지만, 이 지혜는 곧 모양이 없는 본래의 마음이다.

---

62) 『妙法蓮華經』권1 「方便品2」: 「唯此一事實, 餘二則非眞, 終不以小乘, 濟度於眾生.」(『대정장』권9, p.8, a21-22) 오직 이 하나의 일이 진실일 뿐 나머지 둘은 곧 진실이 아니어서 끝내 소승으로써 중생을 제도하지 못한다.

63) 반야는 범어 prajñā를 음역한 것이다. 개개의 분석 판단하는 식(識)을 초월하여 존재 전체를 근원적으로 파악하는 지혜. 이 지혜를 구족하는 것에 의하여 부처가 된다. 신회는 이 영묘한 지혜가 인간의 진성(眞性)에 본원적으로 갖추어져 있다고 하며 이것을 본지(本智)라든가 적지(寂知)라고 불렀다. 거의 돈오설의 기본을 이루는 셈이다.

凡夫不趣道, 唯恣六情,[64] **乃行六道.**[65]
범부불취도　유자육정　　내행육도

범부는 도에 나아가지 않고, 오직 육정을 제멋대로 하여
이에 육도로 간다.

學道人一念計生死, 即落魔道.
학도인일념계생사　즉락마도

도를 배우는 사람은 한 생각이라도 생사를 계교하면
곧 마구니 세계에 떨어진다.

一念起諸見, 即落外道.
일념기제견　즉락외도

한 생각에 여러 가지 견해를 일으키면, 즉시 외도에 떨어진다.

見有生, 趣其滅, 即落聲聞道.
견유생　취기멸　즉락성문도

생이 있음을 보고 그 멸로 나아가면, 즉시 성문도에 떨어진다.

---

64) 六情(육정)은 육근에 의하여 생기는 여섯 가지의 감각 작용.

65) 六道(육도)는 중생이 각자의 업에 의하여 생을 누리는 여섯 가지의 세계. 지옥, 아귀, 축생, 아수라, 인간, 천상의 6도. 六趣(육취)라고도 한다.

不見有生, 唯見有滅, 卽落緣覺道.⁶⁶⁾
불견유생　유견유멸　즉락연각도

생이 있음을 보지 않고
오직 멸만이 있음을 보면
즉시 연각도에 떨어진다.

法本不生, 今亦無滅.⁶⁷⁾
법본불생　금역무멸

법은 본래 생하지도 않고
지금 역시 없어짐이 없다.

不起二見, 不厭不欣.
불기이견　불염불흔

두 가지 분별심을 내지도 않고
싫어하거나 기뻐하지도 않는다.

---

66) 緣覺道(연각도)는 여러 가지 인연이나 현상을 통하여 스스로 理法(이법)을 깨닫는 것을 연각, 또는 독각이라 한다. 성문과 합하여 이승이라 한다. 다 같이 소승의 범주에 들어간다.

67) 『維摩詰所說經』권2 「入不二法門品9」: 「說言: 「諸仁者! 生滅爲二, 法本不生, 今則無滅, 得此無生法忍, 是爲入不二法門.」(『대정장』권14, p.550, c2-4) 부처님께서 말씀하시길, 여러분! 생하고 없어지는 것은 둘이 있으니 법은 본래 생하지 않고 지금 없어짐도 없다. 이 무생법인을 체득하는 것이 불이법문을 체득하는 것이다.
『維摩詰所說經』권1 「弟子品3」: 「法本不然, 今則無滅, 是寂滅義.」(『대정장』권14, p.541, a20-21) 법은 본래 그러한 것이 아니며 지금도 소멸하는 일이 없다. 이것이 적멸의 뜻이다.

一切諸法, 唯是一心, 然後乃爲佛乘[68]也.
일체제법　유시일심　연후내위불승　야

일체의 모든 법은 오직 한 마음뿐이다.
그렇기에 이에 불승이 된다.

凡夫皆逐境生心,[69] 心遂欣厭.
범부개축경생심　　심수흔염

범부는 모두 대상 경계를 쫓아 마음을 내고
마음을 쫓아 기뻐하고 싫어한다.

若欲無境, 當忘其心, 心忘卽境空, 境空卽心滅.
약욕무경　당망기심　심망즉경공　경공즉심멸

만약 대상 경계가 없기를 바란다면
마땅히 그 마음을 잊어야 한다.
마음을 잊으면 즉시 경계도 없어지고
대상 경계가 없어지면 즉시 마음이 없어진다.

---

68) 『법화경』의 방편품, 비유품 등에서 강조하는 一佛乘(일불승)의 뜻이다. 일체중생을 평등히 부처로 인도하는 유일 최고의 가르침.

若不忘心, 而但除境, 境不可除, 秖益紛擾.
약불망심　이단제경　경불가제　지익분요

만약 마음을 잊지 않고, 다만 대상 경계를 제거하려 한다면
대상 경계는 제거하지 못하고, 단지 어지러움만 더할 뿐이다.

故萬法唯心, 心亦不可得, 復何求哉.
고만법유심　심역불가득　부하구재

그러므로 만법은 오직 마음의 변현일 뿐이지만
마음 또한 얻을 수 없는데, 다시 어떤 것을 구하겠는가?

---

69) 『大佛頂如來密因修證了義諸菩薩萬行首楞嚴經』권2 : 「一切眾生從無始來迷己爲物, 失於本心爲物所轉, 故於是中觀大觀小 ; 若能轉物則同如來.」(『대정장』권19, p.111, c25-27) 일체중생이 무시이래로 자기에 미혹하여 사물이라고 하고 본심을 잃어버리고 사물의 지배를 받아서 굴림을 당하고 있다. 그래서 이 가운데 대를 보고 소를 본다. 만약 능히 사물을 지배하여 굴리면 여래와 같이 되리라.
『南宗頓教最上大乘摩訶般若波羅蜜經六祖惠能大師於韶州大梵寺施法壇經』권1 : 「開佛知見轉《法華》, 開眾生知見被《法華》轉.」(『대정장』권48, p.343, a2-3) 부처님의 지견을 열면 『법화경』을 굴리고, 중생의 지견을 열면 『법화경』에 굴림을 당하게 된다.
『少室六門』권1 : 「安心法門」迷時人逐法, 解時法逐人. 解則識攝色, 迷則色攝識.」(『대정장』권48, p.370, b1-2) 미혹할 때는 사람이 법(사물)을 쫓고 깨달으면 법(사물)이 사람을 쫓는다. 깨달으면 마음이 사물을 수용하고 미혹하면 사물이 마음을 포섭한다.
『佛果圜悟禪師碧巖錄46칙』권5 : 「眾生顛倒, 迷己逐物.」(『대정장』권48, p.182, c11) 중생이 전도되어 자기에게 미혹하여 다른 물건을 쫓는다.

學般若人不見有一法可得, 絕意三乘,[70]
학반야인불견유일법가득　절의삼승

唯一眞實, 不可證得.
유일진실　불가증득

반야를 배우는 사람은 하나의 법도 얻을 수 있다고 보지 않고
생각이 삼승에 없기에, 오직 하나의 진실만 있을 뿐이어서
증득할 수 있는 것이 아니다.

謂我能證能得, 皆增上慢人.[71]
위아능증능득　개증상만인

나는 능히 증득할 수 있다고 한다면, 모두 증상만인이다.

法華會上,[72] **拂衣而去者, 皆斯徒也.**
법화회상　　불의이거자　개사도야

법화회상에서 옷을 털고 떠나간 사람들이 모두 그러한 무리이다.

---

70) 삼승이라는 것은 성문, 연각, 보살에게 각각 응하여 설해진 가르침. 『妙法蓮華經』권1 「方便品2」: 「舍利弗! 如來但以一佛乘故, 爲衆生說法, 無有餘乘, 若二, 若三.」(『대정장』권9, p.7, b2-3) 사리불아! 여래는 다만 일불승으로써 특히 중생들을 위하여 설법했을 뿐 그 밖의 이승이나 삼승은 말하지 않았다.

71) 『維摩詰所說經』권2 「觀衆生品7」: 「若有得有證者, 卽於佛法爲增上慢.」(『대정장』권14, p.548, a20-21) 만약 얻을 것이 있고 깨달을 것이 있다면 불법에 증상만이다.
『景德傳燈錄』권28 「대주혜해장」: 「性本淸淨不待修成. 有證有修卽同增上慢者.」(『대정장』권51, p.441, a16-17) 성품은 본래 청정하여 닦아서 이루는 것을 기다리지 않는다. 증득할 것이 있고 수행할 것이 있다면 증상만자와 같다.

故佛言, 我於菩提, 實無所得, 默契而已.
고불언　아어보리　실무소득　묵계이이

그러므로 부처님께서 나는 보리라고 하는 것은
진실로 얻을 바가 없다고 말씀하셨으니, 묵묵히 계합할 뿐이다.

凡人臨欲終時,[73] 但觀五蘊皆空,[74] 四大無我,
범인임욕종시　　　단관오온개공　　　사대무아

真心無相, 不去不來, 生時性亦不來, 死時性亦不去,
진심무상　불거불래　생시성역불래　사시성역불거

湛然圓寂, 心境一如.
담연원적　심경일여

범부가 임종할 때 단지 오온이 모두 공하여
사대는 자아가 없고, 진실한 마음은 모양이 없어서
가지도 오지도 못하고, 태어날 때 성품 또한 오는 것이 아니고
죽을 때 성품 또한 가는 것도 아님을 관찰하여
담연히 적정하여 마음과 대상 경계가 하나가 된다.

---

72) 『법화경』「방편품2」에 나오는 말이다. 부처님이 대중의 청에 응하여 불가사의한 법을 설했을 때 자리에 있었던 비구, 비구니 그 밖에 죄가 많아 자만이 강한 5천인 남짓의 신자가 자리에서 일어나 나가 버렸다. 그들은 아직 얻지도 못한 것을 얻었다고 생각하고 아직 깨닫지도 못한 것을 깨달았다고 생각하고 있는 무리이다.

73) 『達磨大師血脈論』권1 : 「臨終之時, 不得取相.」(『속장경』권63, p.4, a11-12) 임종할 때는 모양을 취하지 않는다.

74) 『반야심경』에 나오는 말로써 관자재보살은 심원한 반야바라밀을 행하고 있을 때 '오온은 모두 공하다'라고 조견했다.

但能如是, 直下頓了, 不爲三世所拘繫, 便是出世人也.
단능여시　직하돈료　불위삼세소구계　변시출세인야

다만 이와 같이 이 자리에서 단박에 깨달을 수 있다면
삼세에 구속되지 않으니
곧 세간을 출세한 사람이다.

切不得有分毫趣向.
절부득유분호취향

간절하게 털끝만큼이라도 나아가는 방향이 있어서는 안 된다.

若見善相諸佛來迎,[75] 及種種現前, 亦無心隨去.
약견선상제불래영　급종종현전　역무심수거

만약 좋은 모습으로 제불이 와서 맞이하며
여러 가지를 눈앞에서 볼지라도
또한 마음이 따라감이 없어야 한다.

---

75) 『鎭州臨濟慧照禪師語錄』권1 : 「十方諸佛現前無一念心喜, 三塗地獄頓現無一念心怖.」(『대정장』권47, p.500, a16-18) 시방의 제불이 현전할지라도 한 생각도 기뻐함이 없으며, 삼악도의 지옥이 갑자기 나타난다 해도 한 생각도 두려운 마음이 없다.

若見惡相種種現前, 亦無心怖畏.
약견악상종종현전   역무심포외

만약 나쁜 모습을 여러 가지 눈앞에서 보더라도
또한 두려워하는 마음이 없어야 한다.

但自忘心, 同於法界, 便得自在.
단자망심   동어법계   변득자재

다만 자기의 마음을 잊어버리고
법계와 하나가 되면
곧 자유자재하게 된다.

此卽是要節也.
차즉시요절야

이것이 곧 요긴한 한마디다.

법은
생함이 없다

十月八日, 師謂休曰, 言化城[76]者,
시월팔일 사위휴왈 언화성 자

二乘及十地等覺妙覺, 皆是權立接引之敎, 並爲化城.
이승급십지등각묘각 개시권립접인지교 병위화성

10월 8일, 선사께서 배휴에게 일러 말씀하시길
환상의 마을이라는 것은 이승과 십지, 등각, 묘각을 위하여 모두
방편을 세워 인도하는 가르침으로써, 이를 모두 화성이라고 한다.

言寶所者, 乃眞心本佛自性之寶.
언보소자 내진심본불자성지보

보배의 장소라는 것은
곧 진실한 마음이 본래 부처로 자성의 보배이다.

---

[76] 『법화경』「화성유품」(『대정장』권9, p.22상)에서 설하는 일곱 가지 유명한 비유 중의 하나이다. 보배가 있는 곳을 찾아 험한 길을 가는 대상(隊商)이 도중에 지쳐 되돌아가려고 할 때 그 피로를 풀고 기력을 회복하기 위하여 훌륭한 지휘자가 도중에 환상의 성시(城市)를 만들어내어 그 근처에 보배의 장소가 있다고 유인하여 다시 대상을 이끌고 갔다고 하는 비유이다.

此寶不屬情量, 不可建立, 無佛無眾生,
차보불속정량　불가건립　무불무중생

無能無所, 何處有城.
무능무소　하처유성

이 보배는 상식적으로 생각하는 것에 속하지 않고
세울 수 있는 것은 아니어서, 부처도 없고 중생도 없으며
주객도 없는데, 어느 곳에 성이 있겠는가?

若問此既是化城, 何處爲寶所, 寶所不可指.
약문차기시화성　하처위보소　보소불가지

만약 그것이 이미 화성이라면, 어느 곳이 보배의 장소인가라고
묻는다면, 보배의 장소를 가리키지는 못한다.

指即有方所, 非真寶所也, 故云在近而已.[77]
지즉유방소　비진보소야　고운재근이이

가리킨다면 곧 방향과 장소가 있게 됨으로
참된 보배의 장소가 아니다.
그래서 가까이 있다고 말했을 뿐이다.

---

77) 불성은 우리와 가장 가까운 신체 안에 내재하고 있지만 구체적으로 어디에 있다고 지정하지 않는다. 단지 이 불성은 스스로 자각만 하면 될 뿐이다. 『大般涅槃經』권35 「迦葉菩薩品12」: 「若言眾生中別有佛性者, 是義不然. 何以故？ 眾生即佛性,佛性即眾生.」(『대정장』권12, p.572, b28-29) 만약 중생의 신체 가운데 별도로 불성이 내재한다고 말하면 그 뜻은 그렇지 않다. 왜냐하면 중생이 불성이고 불성이 곧 중생이기 때문이다.

不可定量言之, 但當體會契之即是.
불가정량언지　단당체회계지즉시

정해진 양으로 말할 수 없으며
다만 당체를 깨달아 계합하면 곧 그것이다.

言闡提者, 信不具也.
언천제자　신불구야

천제는 믿음이 갖추어져 있지 않은 사람이다.

一切六道眾生乃至二乘不信有佛果, 皆謂之斷善根闡提.[78]
일체육도중생내지이승불신유불과　개위지단선근천제

일체 모든 육도 중생들과 그리고 이승은 불과가 있다는 것을
믿지 않는데, 모두 선근이 끊어진 천제라고 한다.

---

78) 闡提(천제)의 바른 표기는 一闡提(일천제: icchantika)라고 한다. 단선근(斷善根)이라든가 신불구족(信不具足)이라 한역했다. 불법을 믿지 않고 깨달음을 구하려고 하는 마음이 없는 것, 따라서 부처가 될 모든 조건이 결여된 것이라고 하는 것이 본의이다. 그러나 여기에서 설해지고 있는 단선근과 선근이라는 두 가지 천제를 세우는 방법의 전적은 다음과 같다.
『楞伽阿跋多羅寶經』권1「一切佛語心品」:「大慧! 一闡提有二種: 一者, 捨一切善根, 及於無始眾生發願. 云何捨一切善根? 謂謗菩薩藏, 及作惡言:『此非隨順修多羅,毘尼解脫之說.』捨一切善根故, 不般涅槃. 二者, 菩薩本自願方便故, 非不般涅槃一切眾生而般涅槃. 大慧! 彼般涅槃, 是名不般涅槃法相. 此亦到一闡提趣.」(『대정장』권16, p.487, b19-26) 대혜여! 일천제에 두 가지가 있다. 첫째는 모든 선근을 버리고 무시 중생을 발원하는 것이다. 무엇이 모든 선근을 버리는 것인가? 보살장을 비방하고 또 악한 말로 '이것은 수다라, 비니, 해탈하는 말에 수순하는 것이 아니다'라고 하는 것이니, 모든 선근을 버리는 까닭에 열반에 들지 못한다. 둘째는 보살이 스스로 본원의 방편으로 된 것이다. 열반에 들지 못하는 것이 아니니 모든 중생이 열반에 들고 나서야 대혜여! 그들도 완전한 열반에 든다는 것이다. 이를 열반에 들지 않는 법상이라고 하니 이 역시 일천제의 무리에 속한다.

菩薩者, 深信有佛法, 不見有大乘小乘.
보살자　심신유불법　불견유대승소승

佛與眾生同一法性[79]　乃謂之善根闡提.
불여중생동일법성　　내위지선근천제

보살이란?
불법이 있음을 깊이 믿고
대승과 소승이 있다는 견해를 내지 않고
부처와 중생을 같은 법성으로 보는데
그래서 선근이 있는 천제라 한다.

大抵因聲教而悟者, 謂之聲聞.
대저인성교이오자　위지성문

일반적으로 부처님의 설법을 듣고 깨달은 사람을
성문이라 한다.

觀因緣而悟者, 謂之緣覺.
관인연이오자　위지연각

인연을 관찰하여 깨달은 사람을
연각이라 한다.

---

[79] 『大方廣佛華嚴經60』권10 : 「大夜摩天宮菩薩說偈品第十六」如心佛亦爾, 如佛眾生然, 心佛及眾生, 是三無差別.(『대정장』권9, pp.465, c28 - 466, a1) 마음과 같이 부처 또한 그러하고 부처와 같이 중생도 그러하니 마음과 부처 그리고 중생, 이 셋은 차별이 없다.

若不向自心中悟，雖至成佛，亦謂之聲聞佛.
약불향자심중오　수지성불　역위지성문불

만약 자기 마음에서 깨닫지 않으면
비록 부처를 이름에 이르러도, 또한 성문불이라 한다.

學道人多於教法上悟，不於心法上悟，
학도인다어교법상오　불어심법상오

雖歷劫修行，終不是本佛.
수력겁수행　종불시본불

도를 배우는 사람들은 교법에는 깨달음이 많으나
심법에는 깨닫지 못하고 있다.
비록 영겁토록 수행하지만, 끝내 본래의 부처가 아니다.

若不於心悟，乃至於教法上悟，
약불어심오　내지어교법상오

即輕心重教，遂成逐塊[80]忘於本心故.
즉경심중교　수성축괴　망어본심고

만약 마음을 깨닫지 못하고, 심지어 교법을 깨달으면
심법을 가벼이 생각하고 교법을 무겁게 여겨
마침내 흙덩이를 쫓아 본래의 마음을 잃어버리는 까닭이다.

---

[80] '개가 흙덩이를 쫓아가는 것처럼'이라는 비유는 경전에 자주 사용되고 있는 말이다.

但契本心, 不用求法, 心即法也.[81]
단계본심　불용구법　심즉법야

다만 본래의 마음에 계합하면
법을 구할 필요가 없다.
마음이 곧 법이다.

凡人多爲境礙心, 事礙理.[82]
범인다위경애심　사애리

常欲逃境以安心, 屛事以存理.
상욕도경이안심　병사이존리

보통 사람들은 단지 경계가 마음을 장애하고
현상이 본체를 장애한다고
항상 대상 경계에서 도망쳐 마음을 편안하게 하려고 하고
현상을 물리쳐 본체를 보존하려고 한다.

---

81) 여기에서 법은 사물이나 존재의 의미가 아니라, 心法(심법) 혹은 일심법(一心法)이라는 원리 내지 진리라는 의미로 사용되고 있다.

82) 事(사)와 理(리)를 대치시키지 않고 양자의 相卽不二(상즉불이)를 설하는 것은 화엄의 세계관에 바탕을 둔 것이지만 선에서는 지공화상의 「十四科頌」 중의 4과 '理事不二(리사불이)'나 10과 '眞俗不二(진속불이)' 내용과 비슷하다.

不知乃是心礙境, 理礙事, 但令心空, 境自空.
부지내시심애경　리애사　단령심공　경자공

이러한 마음이 경계를 장애하고
본체가 현상을 장애하고 있음을 알지 못한다.
다만 마음을 비우기만 하면
대상 경계는 저절로 고요해진다.

但令理寂, 事自寂, 勿倒用心也.
단령리적　사자적　물도용심야

다만 본체를 공적하게 하면
현상은 저절로 공적해지니
거꾸로 마음을 쓰지 말라.

凡人多不肯空心, 恐落於空, 不知自心本空.
범인다불긍공심　공락어공　부지자심본공

보통 사람들이 단지 마음을 쉽게 비우려고 하지 않는 것은
공에 떨어질까 두려워하기 때문인데
자기의 마음이 본래 공한 줄 알지 못하기 때문이다.

愚人除事不除心, 智者除心不除事.
우인제사부제심　　지자제심부제사

어리석은 사람은 현상을 제거하려 하고
마음을 제거하지 않고
지혜로운 사람은 마음을 제거하려 하고
현상을 제거하려 하지 않는다.

菩薩心如虛空, 一切俱捨, 所作福德, 皆不貪著.
보살심여허공　　일체구사　　소작복덕　　개불탐착

보살은 마음이 허공과 같아서, 일체 모든 것을 다 버린다.
지은 바 복덕도, 모두 탐착하지 않는다.

然捨有三等, 內外身心一切俱捨, 猶如虛空, 無所取著,
연사유삼등　　내외신심일체구사　　유여허공　　무소취착

然後隨方應物, 能所皆忘, 是爲大捨.
연후수방응물　　능소개망　　시위대사

그런데 버림에는 세 단계가 있는데
안과 밖, 몸과 마음 일체 모든 것을 다 버려서
마치 허공과 같아서
취착하는 바가 없어진 연후에
장소에 따라서 사물에 응하되
주관과 객관을 다 잊어야 크게 버리는 것이다.

若一邊行道布德, 一邊旋捨, 無希望心, 是爲中捨.
약일변행도포덕　일변선사　무희망심　시위중사

만약 한편으로 도를 행하고 덕을 펴고, 한편으로 돌려 버려서
희망하는 마음이 없으면, 중간의 버림이다.

若廣修衆善, 有所希望, 聞法知空, 遂乃不著, 是爲小捨.
약광수중선　유소희망　문법지공　수내불착　시위소사

만약 여러 가지 선을 널리 수행하고
희망하는 바가 있더라도, 법을 듣고 공함을 알아
마침내 탐착하지 않는 것이 작은 버림이다.

大捨如火燭在前, 更無迷悟.
대사여화촉재전　갱무미오

큰 버림은 등불이 앞에 있는 것과 같아서
다시 미혹함도 깨달음도 없다.

中捨如火燭在傍, 或明或暗.
중사여화촉재방　혹명혹암

중간 버림은 등불이 옆에 있는 것과 같아서
혹은 밝고 혹은 어둡다.

小捨如火燭在後, 不見坑穽.
소사여화촉재후　불견갱정

작은 버림은 등불이 뒤에 있는 것과 같아서
구덩이나 함정을 보지 못한다.

故菩薩心如虛空, 一切俱捨.
고보살심여허공　일체구사

그러므로 보살의 마음은 마치 허공과 같아서
일체 모두를 다 버린다.

過去心不可得,[83] **是過去捨, 現在心不可得, 是現在捨,**
과거심불가득　　시과거사　현재심불가득　　시현재사

未來心不可得, 是未來捨, 所謂三世俱捨.
미래심불가득　시미래사　소위삼세구사

과거의 마음을 얻을 수 없는 것은 과거를 버린 것이고
현재의 마음을 얻을 수 없는 것은 현재를 버린 것이며
미래의 마음을 얻을 수 없는 것은 미래를 버린 것이다.
이른바 삼세를 모두 버린 것이다.

---

83) 『金剛般若波羅蜜經』권1 : 「過去心不可得, 現在心不可得, 未來心不可得.」(『대정장』권8, p.751, b27-28)

自如來付法迦葉已來,⁸⁴⁾ 以心印心, 心心不異.⁸⁵⁾
자여래부법가섭이래   이심인심   심심불이

여래께서 가섭에게 법을 부촉한 이래로
마음으로써 마음을 인가했기에
인가하는 마음과 인가받은 마음은 다르지 않다.

印著空,⁸⁶⁾ 即印不成文.
인착공   즉인불성문

도장을 허공에 찍으면, 곧 도장은 무늬를 남기지 않는다.

印著物, 即印不成法.
인착물   즉인불성법

도장을 물건에 찍으면, 도장은 법을 이루지 못한다.

---

84) 부처님이 이심전심으로 대가섭에게 법을 전한 이후 인도의 28인 조사에 의하여 대대로 전수된 것을 달마가 중국에도 가져와 중국에서 초조가 되었으며, 이로부터 중국에 있어서 선의 역사가 개화했다고 하는 것이 『보림전』에 의하여 확립된 선의 전등설이다. 그대로 상전한 법을 황벽은 心法(심법), 또는 一心法(일체법)이라 한 것이다.

85) 문자 그대로의 의미는 마음이라는 도장(心印)을 마음에 찍는다는 뜻이다. 즉 마음과 마음이 印證(인증)하여 합쳐져 심법이 하나의 마음으로부터 다음의 마음으로 전해져 가는 것을 말한다. 그것이 곧 心心不異(심심불이)이기도하다. 『鎭州臨濟慧照禪師語錄』권1 : 「問 : 「如何是心心不異處?」師云 : 「爾擬問早異了也, 性相各分」(『대정장』권47, p.499, c14-15) 묻길, 무엇이 한 순간 한 순간 마음이 변함없는 상태입니까? 임제 선사가 대답하길, 그대가 질문하는 순간 벌써 변해 버렸다. 마음의 본체와 현상이 둘로 나누어졌다.

故以心印心, 心心不異.
고이심인심 심심불이

그러므로 마음으로써 마음을 인가하는 것이기에
마음과 마음은 다르지 않다.

能印所印, 俱難契會, 故得者少.
능인소인 구난계회 고득자소

도장을 찍는 것과 찍히는 것이
서로 함께 계합하는 게 어렵다.
그렇기에 체득하는 사람이 드물다.

---

86) 『景德傳燈錄』권30 : 「荷澤大師顯宗記章」自世尊滅後, 西天二十八祖共傳無住之心, 同說如來知見, 至於達磨. 屆此爲初遞代相承於今不絶, 所傳祕敎要藉得人, 如王髻珠終不妄與, 福德智慧二種莊嚴, 行解相應方能建立. 衣爲法信, 法是衣宗, 唯指衣法相傳更無別法, 內傳心印契本心. (『대정장』권51, p.459, a26- b3) 세존께서 입멸하신 뒤에 인도에서 28조들이 모두 머무름 없는 마음으로 똑같이 여래의 지견을 전하시다가 달마에 이르러 이 땅의 초조가 되셨다. 다시 다음 다음으로 전하여 지금껏 끊이지 않았는데 비밀한 교법을 반드시 깨달은 이에게 전하여 마치 왕의 옥쇄를 아무에게나 전하지 않는 것 같이 하니 복덕과 지혜의 두 가지로 장엄함은 행과 아는 것이 마주 어울려야 비로소 건립할 수 있다. 옷은 법의 신표요, 법은 옷의 종지라고 해서 옷과 법으로 전했다 하나 다시 특별한 법이 없으니 안으로 심인을 전하여 심인이 본심에 계합한 바를 겉으로 가사로써 전하여 종지를 표시했을 뿐이다.
『宗鏡錄』권76 :「如蠟印印泥, 印與泥合, 印滅文成. 文非泥出, 不餘處來. 以印因緣, 而成是文.」 (『대정장』권48, p.837, c28 - p.838, a1) 마치 밀랍으로 된 도장을 진흙에 찍으면 도장과 진흙이 합쳐져 도장은 없어지지만 무늬는 남는다. 그 무늬는 진흙에서 나온 것도 아니고 그 밖의 다른 데서 온 것도 아니다. 도장의 인연으로 이런 무늬가 생긴 것과 같다.

然心即無心, 得即無得.
연심즉무심　득즉무득

그러나 마음은 곧 무심을 말하고
얻는다는 것은 곧 얻을 게 없다.

佛有三身,[87] **法身說自性虛通**[88]**法,**
불유삼신　　법신설자성허통　법

報身說一切淸淨法, 化身說六度萬行法.
보신설일체청정법　화신설육도만행법

부처에는 삼신이 있는데
법신은 자성이 허통한 법을 설하고
보신은 일체 모든 청정한 법을 설하고
화신은 육도만행의 법을 설한다.

---

87) 三身(삼신)은 法身(법신), 報身(보신), 化身(화신)을 말하는데 법신은 부처가 설한 理法(진리) 그 자체를 부처의 불멸 本身(본신)이라고 본 것. 보신은 진리의 體現者(체현자)로서 그 과보(공덕)를 구족한 불신을 말한다. 화신은 중생구제를 위하여 이 세상에 여러 가지 모양을 하고 나타난 부처의 인격신을 가리킨다.

88) 自性虛通(자성허통)은 법이 그 본질에 있어서는 본래적으로 공적하면서도 게다가 널리 유통하는 것이라는 뜻이다. 자성이라는 것은 법신을 자성신이라고 칭하는 것과 같은 뜻이다.

法身說法, 不可以言語音聲形相文字而求,
법신설법　불가이언어음성형상문자이구

無所說無所證, 自性虛通而已.
무소설무소증　자성허통이이

법신의 설법은 언어, 음성, 형상, 문자를 통해서
구할 수 있는 것도 아니고, 설할 바도 없고 증득할 바도 없으며
자성이 허통할 뿐이다.

故曰, 無法可說, 是名說法.[89]
고왈　무법가설　시명설법

그러므로 말하길, 법 없음을 설하는 것이 설법이라고 하셨다.

報身化身皆隨機感現, 所說法亦隨事應根,
보신화신개수기감현　소설법역수사응근

以爲攝化, 皆非眞法.
이위섭화　개비진법

보신과 화신은 모두 근기에 따라 감응해서 나타나며
설하는 바의 법도 또한 일에 따라서 근기에 응하여
교화하여 섭수하기에, 모두 진실한 법이 아니다.

---

[89] 『金剛般若波羅蜜經』권1 : 「說法者, 無法可說, 是名說法.」(『대정장』권8, p.751, c14-15) 설법이란? 법 없음을 설하는 것이 설법이라 이름한다.

故曰, 報化非眞佛, 亦非說法者.[90]
고왈　보화비진불　역비설법자

그러므로 말하길
보신과 화신은 진실한 부처가 아니며
또한 법을 설하는 것도 아니다.

所言同是一精明分爲六和合,[91] 一精明者, 一心也.
소언동시일정명분위육화합　　일정명자　일심야

六和合者, 六根也.
육화합자　육근야

이른바 동일한 하나의 정명인데 나누면 육화합이 된 것이다.
하나의 정명이란?
일심이다.
육화합은 육근이다.

---

90) 『景德傳燈錄』권28 : 「南泉普願章」 曰每聞和尙說報化非眞佛亦非說法者, 未審如何. 師曰, 緣生故非, 曰報化旣非眞佛, 法身是眞佛否. 師曰, 早是應身也. 曰若恁麽卽法身亦非眞佛. 師,. 法身是眞非眞, 老僧無舌不解道, 爾敎我道卽得.」(『대정장』권51, p.446, b6-11) 말하길, 언제나 화상으로부터 보신과 화신은 참된 부처가 아니고 또 법을 설하는 것도 아니라고 하는 말을 들어 왔습니다만 무슨 이유입니까? 답하길, 인연에 의하여 생긴 부처이기 때문에 쓸모없는 것이다. 묻길, 보신과 화신이 참된 부처가 아니라고 한다면 그러면 법신불은 참된 부처입니까? 답하길, 자 벌써 응신불이 되어 버렸다. 묻길, 그렇다고 한다면 법신불조차 참된 부처가 아닌 것입니까? 답하길, 법신불이 참된 것인지 그렇지 않은 것인지에 대해서는 나에게 혀가 없기 때문에 말할 수 없다. 그러나 그대가 나로 하여금 말할 수 있게 한다면 모르겠지만.

91) 『大佛頂如來密因修證了義諸菩薩萬行首楞嚴經』권6 : 「元依一精明, 分成六和合.」(『대정장』권19, p.131, b1) 본래 일정명을 의지하여 나누면 육화합으로 이루어진다.

此六根各與塵合，眼與色合，耳與聲合，鼻與香合，
차육근각여진합　안여색합　이여성합　비여향합

舌與味合，身與觸合，意與法合．
설여미합　신여촉합　의여법합

中間生六識，爲十八界．
중간생육식　위십팔계

이 육근은 각기 육진과 화합한다.
눈은 색과 화합하고, 귀는 소리와 화합하고
코는 향기와 화합하고, 혀는 맛과 화합하고
몸은 촉감과 화합하고, 뜻은 법과 화합한다.
그런 가운데 육식이 나와 18계가 된다.

若了十八界無所有，束六和合爲一精明．
약료십팔계무소유　속육화합위일정명

만약 18계가 있는 바가 없음을 요달하면
육화합이 묶여서 일정명이 된다.

一精明者，卽心也．
일정명자　즉심야

일정명이란 곧 마음이다.

學道人皆知此, 但不能免作一精明六和合解,
학도인개지차　단불능면작일정명육화합해

遂被法縛, 不契本心.
수피법박　불계본심

도를 배우는 사람들은 모두 이것을 알고 있지만
다만 일정명과 육화합을 이해하는 것에 벗어나지 못하여
마침내 법에 속박되어 본래 마음과 계합하지 못한다.

如來現世, 欲說一乘眞法,[92] 則衆生不信, 興謗沒於苦海.
여래현세　욕설일승진법　　즉중생불신　흥방몰어고해

여래께서 세상에 나투시어
일승의 진실한 법을 설하셨지만
중생들은 믿지 못하고
비방하여 고통의 바다에 빠진다.

若都不說, 則墮慳貪, 不爲衆生溥捨妙道.
약도불설　즉타간탐　불위중생부사묘도

만약 부처님께서 전혀 말씀을 안 하시면
곧 간탐에 떨어진다.
중생들에게 널리 묘도를 베푸는 것이 못된다.

---

[92] 『법화경』「방편품」에 설한 최고 유일의 가르침인 대승의 도를 말한다.

遂設方便,[93] 說有三乘.
수설방편　　설유삼승

마침내 방편을 베풀어 삼승이 있음을 말씀하신다.

乘有大小, 得有淺深, 皆非本法.
승유대소　　득유천심　　개비본법

승에는 대승과 소승이 있고, 깨달음엔 얕고 깊음이 있는데
모두 본래의 법이 아니다.

故云, 唯有一乘道, 餘二則非眞.[94]
고운　유유일승도　　여이즉비진

그러므로 말씀하시길, 오직 일승의 도만 있을 뿐
나머지 이승은 곧 진실한 법이 아니다.

---

93) 方便(방편)은 범어 upāya의 번역어로 사람들을 이끌어 진리에 접근시킨다는 뜻이다. 구체적인 시설, 제2차적인 방법을 말한다.『天台智者大師禪門口訣』권1 :「師言夫欲修行者, 要須有分無分者不能辦事也. 何謂爲分, 所謂四心. 一者堅信謂深信師. 二者受用謂師法也. 三者精勤常自勉勵. 四者方便謂細迴轉.」(『대정장』권46, p.582, a10 -13) 모름지기 수행하려면 반드시 순서가 없어서는 안 된다. 순서 없이는 일을 끝맺지 못한다. 순서라는 것은 네 가지 마음을 말한다. 첫째는 굳센 믿음으로 깊이 스승을 믿을 것. 둘째는 스승의 가르침을 이어받을 것. 셋째는 정근하는데 항상 스스로 힘쓸 것. 넷째는 방편을 세밀하게 반복할 것.
『維摩詰所說經』권2「文殊師利問疾品5」:「貪著禪味, 是菩薩縛 ; 以方便生, 是菩薩解.」(『대정장』권14, p.545, b5-6) 선의 맛에 탐착하는 것은 보살의 속박이고, 방편을 내는 것은 보살의 해탈이다.

94)『妙法蓮華經』권1「方便品2」:「唯有一乘法, 無二亦無三.」(『대정장』권9, p.8, a17- 18) 오직 일승법만 있을 뿐 이승도 없고 또한 삼승도 없다.
『妙法蓮華經』권1「方便品2」:「唯此一事實, 餘二則非眞.」(『대정장』권9, no. 262, p. 8, a21) 오직 하나의 진실만 있을 뿐 2는 진실이 아니다.

然終未能顯一心法,[95] **故召迦葉同法座別付一心,**
연종미능현일심법　　　　고소가섭동법좌별부일심

離言說法.
리언설법

그러나 결국에는 한 마음의 법을 나타내지 못한 까닭으로
가섭을 불러 법좌를 함께 하시어
별도로 한 마음을 부촉하셨으니
언설을 떠난 법이다.

此一枝法令別行.
차일지법령별행

이 한 가지의 법령은 특별히 행해지고 있다.

若能契悟者, 便至佛地矣.
약능계오자　　변지불지의

만약 깨달아 계합할 수 있으면
곧바로 불지에 이르게 된다.

---

95)『法王經』권1 :「一切眾生皆有佛性, 諸佛如來皆以一心法, 令諸一切眾生, 一切之心, 於一心中 而求佛法, 而得佛身.」『대정장』권85, p.1385, c28-p.1386, a1) 일체중생에게는 모두 불성이 있 고 제불여래도 모두 일심법으로 모든 일체중생과 일체의 마음으로 하여금 일심 가운데 불법 을 구하고 불신을 얻게 했다.

수도란

問，如何是道，如何修行．
문　여하시도　여하수행

배휴가 여쭈길
무엇이 도이며
어떻게 수행합니까?

師云，道是何物，汝欲修行．⁹⁶⁾
사운　도시하물　여욕수행

선사께서 이르시길
도가 어떤 것이기에
그대는 수행하려고 하는가?

---

96) 여기서는 도를 무엇이라고 알고 있기에 수행 따위를 말하는가? 라고 꾸짖는 말이다. 그 취지는 도를 수행하는 것이라는 따위의 생각이 애초부터 잘못된 것이며, 도는 수행할 수 있는 것이 아니다. 우선 수행해야 할 것으로써 도라고 하는 것을 설정하는 것, 그 자체가 근본적으로 잘못된 생각이라고 하는 것이다.

問, 諸方宗師相承, 參禪學道, 如何.
문　제방종사상승　참선학도　여하

여쭈길
제방의 종사들이 서로 이어
참선하고 도를 배우는 것은
어떠한 것입니까?

師云, 引接鈍根人語, 未可依憑.
사운　인접둔근인어　미가의빙

선사께서 이르시길
둔근기의 사람을 이끌어 주는 말을
의지해서는 안 된다.

云, 此即是引接鈍根人語, 未審接上根人, 復說何法.[97]
운　차즉시인접둔근인어　미심접상근인　복설하법

여쭈길
이것이 곧 둔근기의 사람들을 제법하여 인도하는 말씀이라면
도대체 상근기의 사람들을 제접하려면
대관절 어떤 법을 설해야 합니까?

---

97) '復(복)'은 의문을 나타내는 '또는, 그렇지 않으면, 도대체, 대관절'이라는 뜻이다. 또, 다시 '라'는 復(부)의 의미는 아니다. 『祖堂集』권9「九峰道虔章」問:「祖祖相傳, 復傳何法?」『대장경보유』권25, p.479, a10-11) 묻길, 조사와 조사가 서로 전한다는데 도대체 어떤 법을 전하는 것입니까?

師云, 若是上根人, 何處更就人覓他, 自己尚不可得,[98)]
사운   약시상근인   하처갱취인멱타   자기상불가득

何況更別有法當情,[99)] 不見敎中云, 法法何狀.[100)]
하황갱별유법당정   불견교중운   법법하상

선사께서 이르시길, 만약 상근기의 사람이라면
어느 곳에서 다른 사람들에게서 그것을 다시 취하겠는가?
자기도 오히려 어찌하지 못하는데
어찌 하물며 다시 특별한 법이 있어 인정에 끄달려
경전의 가르침 속에 법이라는 법이 어떠한 모양인지 보지 못한다.

云, 若如此, 則都不要求覓也.
운   약여차   즉도불요구멱야

여쭈길
만약 이와 같다면 전부 요구해서 찾을 필요가 없다는 것입니까?

---

98) 『維摩詰所說經』권2 「入不二法門品9」:「我尚不可得, 非我何可得?」(『대정장』권14, p.551, a13-14) 나도 오히려 실체가 없는데 내가 아닌데 어떻게 하겠는가?
『金剛般若波羅蜜經』권1 :「法尚應捨, 何況非法.」(『대정장』권8, p.749, b11) 법도 오히려 응당 버리는데 어찌 하물며 법 아닌 것이겠는가?

99) 當情(당정)은 '인정에 당하다, 인식·감각의 대상이 되다'의 뜻이다.『正法眼藏』권1 :「一念不生卽前後際斷,無思無念.無一法可當情.」(『속장경』권67, p.575, b5-6) 한 생각이 일어나지 않으면 곧 앞뒤 사이가 끊어져서 생각도 없고 기억도 없으며 하나의 법도 인정에 당함이 없다.

100) 『大佛頂如來密因修證了義諸菩薩萬行首楞嚴經』卷3 :「汝識決定依於法生, 汝今諦觀法法何狀.」(『대정장』권19, p.117, b5-6) 그대의 의식이 결정코 법에 의지해서 생기는 것이라면 그대는 지금 법이라는 법은 어떠한 모양인가 자세히 관찰하라.

師云, 若與麽[101]則省心力.
사운 약여마   즉생심력

선사께서 이르시길
만약 그와 같이 된다면 수고를 덜 수 있을 것이다.

云, 如是則渾成斷絕, 不可是無也.
운 여시즉혼성단절   불가시무야

여쭙길, 이와 같다면 전부 단절되어 무가 되는 것이 아닙니까?

師云, 阿誰教他無, 他是阿誰, 爾擬覓他.
사운   아수교타무   타시아수   이의멱타

선사께서 이르시길, 어느 누가 그것을 무라고 가르쳤는가?
그것이 무엇이기에 그대는 그것을 찾으려고 하는가?

云, 既不許覓, 何故又言莫斷他.
운 기불허멱   하고우언막단타

여쭙길, 이미 찾는 것을 허락하지 않으시면서
무슨 까닭으로 또 그것을 단절하지 말라고 하십니까?

---

101) 與麽(여마)는 속어이다. 문어의 如此(여차)와 같다. '그러한', 또는 '그처럼'의 뜻이다. 如摩(여마), 與沒(여몰)라고도 쓰며, 또 드물게 異沒(이몰), 伊沒(이몰)이라고도 쓴다.

師云, 若不覓便休, 卽誰教爾斷,
사운 약불멱변휴   즉수교이단

爾見目前虛空, 作麼生斷他.
이견목전허공   작마생단타

선사께서 이르시길, 만약 찾지 않으면 곧 끝난다.
누가 그대에게 끊으라고 가르치던가?
그대가 눈앞의 허공을 보고 있는데 어떻게 그것을 끊겠는가?

云, 此法可得便同虛空否.
운   차법가득변동허공부

여쭈길, 이 법은 곧 허공과 같다고 해도 되겠습니까?

師云, 虛空早晚[102]向爾道有同有異, 我暫如此說,
사운 허공조만   향이도유동유이   아잠여차설

爾便向者裏[103]生解.
이변향자리   생해

선사께서 이르시길
허공은 언제 그대에게 같다거나 다르다고 말하던가?
내가 잠시 이와 같이 말하니, 그대는 곧바로 여기서 해석을 하는구나!

---

102) 早晚(조만)은 시간에 대하여 묻는 속어의 의문사이다. '언제, 어느 때, 어떤 때' 또 '단지 어째서, 왜'라는 반문의 어기만을 나타내는 예도 唐代(당대)에는 있다.

103) 者裏(자리)는 속으로 '여기' 또는 '거기'라는 뜻이다. 가까운 장소를 나타낸다. 여기서는 설명의 말을 가리키고 있다.

云, 應是不與人生解耶.
운　응시불여인생해야

여쭈길, 마땅히 사람들을 위하여 해석을 하지 않아야 합니까?

師云, 我不曾障爾, 要且解屬於情, 情生則智隔.[104]
사운　아부증장이　요차해속어정　정생즉지격

선사께서 이르시길, 내가 일찍이 그대를 방해한 적은 없다.
요컨대 우선 해석은 마음 작용에 속하고
마음의 분별이 일어나면 지혜는 막힌다.

云, 向者裏莫生情, 是否.
운　향자리막생정　시부

여쭈길, 여기에서 마음의 분별을 내지 않는 것이 옳은 것입니까?

師云, 若不生情, 阿誰道是.
사운　약불생정　아수도시

선사께서 이르시길, 만약 마음의 분별을 내지 않으면
누가 옳다고 말하겠느냐?

---

[104] 『新華嚴經論』권1 : 「只爲情生智隔. 想變體殊.」(『대정장』권36, p.721, a7) 단지 인정이 생기면 지혜는 막히고 생각이 변하면 본체는 달라진다.

말에
떨어진다

問, 纔向和尚處發言, 爲甚麼便言話墮.[105]
문　재향화상처발언　위심마변언화타

여쭈길, 제가 화상에게 말을 하자마자
무엇 때문에 바로 말이 파탄난다고 하십니까?

師云, 汝自是不解語[106]人有甚麼墮負.
사운　여자시불해어　인유심마타부

선사께서 이르시길, 그대 스스로 말을 할 수 없었을 뿐
사람 자체에 무슨 결함이 있겠는가?

---

105) 話墮(화타)는 남에게 질문하든지 대답하든지 간에 자기가 표현한 말 자체가 破綻(파탄)을 드러내는 것.『趙州和尙語錄』권1 :「問, 承古有言, 虛明自照. 如何是自照. 師云, 不稱佗照. 學云, 照不著處如何. 師云, 你話墮也.」(『가흥장』권24, p.362, c2-3) 묻길, 고인의 말에 허명은 스스로 비춘다는 말이 있는데 스스로 비춘다는 것은 어떠한 것입니까? 스님께서 이르길, 다른 사람이 비춘다는 것은 말하지 않는다. 학인이 이르길, 비추지 않으면 어떻게 됩니까? 스님께서 이르길, 그대는 말에 걸렸다.

106) 不解語(불해어)를 '말을 이해하지 않고'라고 읽는 것은 잘못이다. 解語(해어)라는 것은 직역하면 '무엇을 말할 수 있다'의 뜻이다. 解(해)는 能(능)의 의미이다. 예를 들면 현종으로부터 총애를 받은 양귀비의 아름다움을 당시 사람들은 '解語花'라고 찬탄했는데 그것은 말하는 꽃의 의미이다. 만약 '말을 이해하지 않고'라고 읽으면 이쪽이 하는 말을 상대가 이해하지 못한다고 하는 의미가 되어 완전히 어긋나 버린다.

사문이란
무심을 체득한 사람

問, 向來如許多言說, 皆是抵敵語,[107]
문　향래여허다언설　개시저적어

都未曾有實法指示於人.
도미증유실법지시어인

배휴가 여쭈었다.
지금까지 많은 언설들이 모두 대적하는 말이어서
모두 일찍이 진실한 법으로써
사람들에게 가리켜 보이신 적이 없었다는 말씀입니까?

師云, 實法無顚倒, 汝今問處自生顚倒, 覓甚麽實法.
사운　실법무전도　여금문처자생전도　멱심마실법

선사께서 이르시길, 진실한 법은 전도됨이 없는데
그대는 지금 물은 곳이 스스로 전도하고 있으면서
어떤 진실한 법을 찾고 있는 것인가?

---

107) 敵語(적어)는 대립물을 설정해 놓고 그것과의 모순 관계에서 설명한다고 하는 간접적인 방식이다. 또 대상을 향하여 정면으로 부딪힌다고 하는 의미로도 사용되지만 여기서는 그러한 의미로 사용된 것은 아니다.

云, 既是問處自生顚倒, 和尚答處如何.
운　기시문처자생전도　　화상답처여하

여쭙길
이미 물은 곳이 스스로 전도하고 있다고 하셨는데
선사께서 답하신 곳은 어떠합니까?

師云, 爾且將物照面看,[108] 莫管他人.
사운　이차장물조면간　　　　막관타인

선사께서 이르시길
그대가 우선 사물을 가지고 얼굴을 비춰 보더라도
다른 사람을 상관하지 말라.

又云, 秖如箇癡狗相似, 見物動處便吠, 風吹草木也不別.
우운　지여개치구상사　　견물동처변폐　풍취초목야불별

또 이르시길
예를 들어 어리석은 개와 같아서
사물이 움직이는 것을 보고 곧바로 짖어대니
바람이 초목에 부는 것과 다르지 않다.

---

108) 照面看(조면간)의 照(조)는 '비추다'가 아니라 '비치게 하다, 투영하다'의 뜻이다. 照面(조면)이라는 것은 거울이나 水鏡(수경)에 얼굴을 투영하는 것을 말한다. 看(간)은 보는 것이 아니고, '~해 보십시오.'라는 뜻이다. 정중한 명령이나 권유를 나타낸다.

又云, 我此禪宗從上相承已來, 不曾教人求知求解,
우운　아차선종종상상승이래　부증교인구지구해

只云學道早是[109]**接引之詞.**
지운학도조시　접인지사

또 이르시길
우리의 이 선종은 위로부터 서로 전승한 이래로
일찍이 사람들로 하여금 알음알이로 구하지 않았다.
단지 도를 배우라고 했을 뿐이지만 이미 교화하는 말이다.

然道亦不可學.
연도역불가학

그러나 도는 역시 배우는 것이 아니다.

情存學解, 却成迷道.[110]
정존학해　각성미도

뜻을 두고 알음알이로 배우면 도리어 도에 미혹하게 된다.

---

109) 무是(조시)는 '이미, 벌써, 이전'이라는 의미이다. 『景德傳燈錄』권8 : 「南泉普願章」一日師示衆云, 道箇如如, 早是變也. 今時師僧須向異類中行.」(『대정장』권51, p.257, b29-c1) 하루는 스님께서 시중하여 이르길, 여여하다고 말하지만 벌써 변하였다. 지금의 종사들은 반드시 이류중행(異類中行)해야 한다.

110) 『노자도덕경』 48장에 學者日益, 爲道者日損, 損之或損, 以至之爲也, 亡爲而亡不爲. '학문을 배운다는 것은 날마다 앎을 더하는 것이지만 도를 닦는 것은 날마다 앎을 덜어내는 것으로 덜어내고 또 덜어내면 무위에 이르게 되나니 무위는 하지 못하는 것이 없다'라는 말이 있다.

道無方所, 名大乘心.[111]
도무방소　명대승심

도에는 방향과 처소가 없는 것을 대승의 마음이라고 이름 한다.

此心不在內外中間, 實無方所.
차심부재내외중간　실무방소

이 마음은 안과 밖 중간에도 있지 않으니
진실로 방향과 처소가 없다.

第一不得[112]作知解, 只是說汝如今情量處.
제일부득　작지해　지시설여여금정량처

절대로 알음알이를 짓지 말아야 하니
단지 그대가 말하는 것은 지금 사량하는 곳이다.

情量若盡, 心無方所.
정량약진　심무방소

관념적인 사량이 만약 다하면 마음은 방향과 처소가 없다.

---

111) 大乘心(대승심)은 아마 황벽선사의 독자적인 조어인 것 같다. 자성청정한 진심을 대승의 理法(이법)의 근저로 자리 잡는 것으로부터 발상된 말이다.

112) 第一不得(제일부득)은 강한 금지를 표현하는 어투이다. '절대 ~해서는 안 된다'의 뜻이다. 제2, 제3을 예상하지도 않고 필요로 하지 않는다. 第一莫, 第一勿, 第一不可 등이라고도 한다. 『南宗頓敎最上大乘摩訶般若波羅蜜經六祖惠能大師於韶州大梵寺施法壇經』권1「第一勿迷, 言惠定別.」『대정장』권48, p.338, b7-8) 절대로 알지도 못하면서 지혜와 선정이 다르다고 말하지 말라.

此道天眞, 本無名字.
차도천진 본무명자

이 도는 천진하여 본래 이름이 없다.

只爲世人不識, 迷在情中, 所以諸佛出來, 說破此事.
지위세인불식 미재정중 소이제불출래 설파차사

단지 세상 사람들이 알지 못하고
미혹하여 뜻으로 헤아리고 있기 때문에
그래서 제불이 나오시어
이 일을 자상히 설명하신 것이다.

恐汝諸人不了, 權立道名, 不可守名而生解.
공여제인불료 권립도명 불가수명이생해

그대들 모든 사람들이 깨닫지 못할까 두려워서
방편으로 도라는 이름을 세운 것이니
이름에 얽매어 알음알이를 내서는 안 된다.

故云, 得魚忘筌,[113] 身心自然, 達道識心.[114]
고운 득어망전 신심자연 달도식심

그러므로 이르시길, 고기를 잡으면 통발을 잊어라 하셨다.
몸과 마음으로 자연스럽게 도를 통달하고 본심을 아는 것이다.

達本源故, 號爲沙門.[115]
달본원고   호위사문

본래의 근원에 통달하기 때문에 사문이라 부른다.

沙門果者, 息慮[116]而成, 不從學得.
사문과자   식려   이성   부종학득

사문의 과보는 분별 망상을 버려야 이루어지는 것이지
배워서 얻어지는 것이 아니다.

---

113) 『장자』「외물편」에 得魚而忘筌(득어이망전) '고기를 잡고 나면 통발을 잊는다.' 得兎而忘蹄(득토이망제) '토끼를 잡고 나면 올무가 필요 없다.' 得意而忘言(득의이망언) '뜻을 얻으면 말이 필요 없다.'라는 말이 있다. 또 왕필의 『周易略例』「明象篇」得象忘言 '모양을 얻으면 말이 필요 없다.' 得意而忘象(득의이망상) '뜻을 얻으면 형상이 필요 없다.'란 말이 있는데 이는 목적을 달성하면 그것을 위하여 사용한 수단(방편)은 무용한 것이 된다고 하는 비유이다.

114) 『中本起經』권1「舍利弗大目揵連來學品5」:「一切諸法本, 因緣空無主, 息心達本源, 故號爲沙門.」(『대정장』권4, p.153, c18-19) 일체 모든 제법의 근본은 공에 머무름이 없는 것을 인연으로 망념을 그치어 본원에 이른다. 그러므로 사문이라 이름 한다.
『註四十二章經』권1:「辭親出家, 爲道識心達本, 解無爲法, 名曰沙門」(『대정장』권39, p.517, c5) 육친과 이별하여 출가하고, 도를 위하여 본심을 알아 본원에 이르며, 무위법을 이해하는 사람을 사문이라 한다.

115) 사문(沙門)은 'śramaṇa'의 음역으로 식(息), 식심(息心), 정지(靜志), 정지(淨志), 핍도(乏道), 빈도(貧道), 공로(功勞), 근식(勤息)으로 한역함. 『長阿含經』권1:「沙門者, 捨離恩愛, 出家修道, 攝御諸根, 不染外欲, 慈心一切, 無所傷害, 逢苦不慼, 遇樂不欣, 能忍如地, 故號沙門。」(『대정장』권1, p.7, a4-7) 사문이란? 은애(恩愛)를 여의어 버리고 출가하여 도를 닦으며 모든 육근을 포섭하여 제어하여 밖으로 탐욕에 물들지 않고 일체 모든 자비스러운 마음으로 상해하는 바가 없으며 괴로움을 만나도 근심하지 않으며 즐거움을 만나도 기뻐하지 않으며 이러한 형편을 능히 참음으로 사문이라 부른다.

116) 息慮(식려)는 사려(思慮) 분별(分別)을 멈추고 망념 망상(妄想)을 버리고 흐트러진 마음을 고요하게 하여 한곳에 모으는 것을 말한다.

汝如今將心求心, 傍他家舍, 秖擬學取, 有甚麼得時.
여여금장심구심　방타가사　지의학취　유심마득시

그대가 지금 마음을 가지고 마음을 구하고
남의 집에 의지해서
다만 배워서 취하려고 하니
언제 얻을 날이 있겠는가?

古人心利, 纔聞一言, 便乃絕學,
고인심리　재문일언　변내절학

所以喚作絕學無爲閒道人.[117]
소이환작절학무위한도인

옛 사람은 마음이 영리하여
한마디를 듣자마자
곧바로 배울 것을 끊어 버렸기 때문에
그래서 배울 것을 끊어
함이 없는 한가한 도인이라고 부른 것이다.

---

117) 『永嘉證道歌』권1 : 「君不見. 絕學無爲閒道人, 不除妄想不求眞.」(『대정장』권48, p.395, c9-10) 그대는 보지 못했는가? 배움이 끊어진 할 일 없는 한가한 도인은 망상을 제거하지 않고 진실을 구하지도 않는 것을. 閑(한)이라는 것은 닦아야 할 도도 없고 깨달아야 할 법도 없어서 無爲無事(무위무사)한 것을 말한다.

今時人只欲得多知多解, 廣求文義, 喚作修行,
금시인지욕득다지다해　광구문의　환작수행

不知多知多解, 翻成壅塞.
부지다지다해　번성옹새

지금 사람들은 단지 많은 지혜를 얻고 싶어
널리 문자의 뜻을 탐구하면서
수행이라고 하지만
많은 알음알이가 도리어 불성의 작용을
막아 버린 줄 알지 못한다.

唯知多與兒酥乳喫, 消與不消, 都總不知.
유지다여아소유끽　소여불소　도총부지

오직 아이에게 많은 우유를 먹일 줄만 알지
소화되고 안 되고는
전혀 알지 못하는 것이다.

三乘學道人, 皆是此樣, 盡名食不消者.
삼승학도인　개시차양　진명식불소자

삼승의 도를 배우는 사람들은
모두 이 모양이어서
먹지만 소화시키지 못한 자라 모두 부른다.

所謂知解不消, 皆爲毒藥, 盡向生滅中取.
소위지해불소　개위독약　진향생멸중취

이른바 관념적으로 아는 것을 소화하지 못하면
모두 독약이 되어
모두 생사에 끌려가게 된다.

眞如之中都無此事.
진여지중도무차사

진여에는 전혀 이런 일이 없다.

故云, 我王庫內無如是刀.[118]
고운　아왕고내무여시도

그러므로 이르시길
우리 왕의 창고에는 이와 같이 칼이 없다고 한 것이다.

---

118) 실상을 명확히 알지 않고 아집에 미혹되어 환상의 칼을 마음에 만들기까지 하는 미망을 경고한 내용이다.『大般涅槃經』8「如來性品4」:「菩薩如是說於我法, 凡夫不知種種分別, 妄作我相; 如問刀相, 答似羊角. 是諸凡夫次第相續而起邪見, 爲斷如是諸邪見故, 如來示現說於無我, 喩如王子語諸臣言, 我庫藏中無如是刀.」(『대정장』권12, p.412, c21-25) 보살이 이와 같이 나의 법을 말하는 것은 범부들이 알지 못하고 여러 가지 분별을 내어 나의 모습을 망령되이 짓는 것은 마치 칼의 모양을 물으니 양의 뿔과 같다고 대답하는 것과 같다. 모든 범부들이 차례대로 계속하여 삿된 견해를 일으키므로 이와 같이 모든 삿된 견해를 끊어 버리기 위해 여래께서 내가 없다고 말씀하셨으니 마치 왕자가 여러 신하들에게 나의 창고에는 이와 같이 칼은 없다고 말하는 것과 같다.

從前所有一切解處, 盡須倂却[119]令空, 更無分別,
종전소유일체해처　진수병각　령공　갱무분별

即是空如來藏.[120]
즉시공여래장

종전까지 소유한 일체 모든 알음알이는 모두 반드시 다 물리쳐
텅 비워 다시 분별이 없어야 곧 공여래장이다.

如來藏者, 更無纖塵可有, 即是破有法王出現世間.[121]
여래장자　갱무섬진가유　즉시파유법왕출현세간

여래장이란 다시 털끝만한 것도 없는 것으로
곧 유를 파괴하는 법왕이 세상에 출현하셨다고 하는 것이다.

---

119) 倂却(병각)은 '처리하다, 처분하다, 매듭, 결말 짓다'의 뜻이다.

120) 『勝鬘師子吼一乘大方便方廣經』권1 :「空義隱覆真實章」世尊! 有二種如來藏空智. 世尊! 空如來藏, 若離, 若脫, 若異一切煩惱藏. 世尊! 不空如來藏, 過於恒沙不離, 不脫, 不異, 不思議佛法. 世尊! 此二空智, 諸大聲聞能信如來, 一切阿羅漢, 辟支佛空智, 於四不顛倒境界轉. 是故一切阿羅漢, 辟支佛, 本所不見, 本所不得. 一切苦滅, 唯佛得證, 壞一切煩惱藏, 修一切滅苦道.(『대정장』권12, p.221, c16-23) 세존이시여! 두 가지 여래장의 공한 지혜가 있습니다. 세존이시여! 공여래장은 여의었거나 벗어났거나 달라진 일체 모든 번뇌장입니다. 세존이시여! 불공여래장은 항하의 모래보다도 많은 여의지도 않고 벗어나지도 않고 달라지지도 아니한 부사의한 불법을 말합니다. 세존이시여! 이 두 가지 공한 지혜로 모든 큰 성문들은 여래를 믿고, 일체 모든 아라한, 벽지불의 공한 지혜는 네 가지 뒤바뀌지 아니한 경계에서 작용합니다. 그러므로 일체 모든 아라한, 벽지불은 본래부터 보지도 못하고 얻지도 못하는 것입니다. 일체 모든 고가 멸하는 것은 오직 부처님만이 일체 모든 번뇌장을 깨뜨리고 온갖 고를 멸하는 도를 닦았습니다.

121) 破有(파유)의 '유'라는 것은 번뇌와 업에 의하여 생긴 중생으로서의 생존을 말한다. 『妙法蓮華經』권3 「藥草喩品5」:「破有法王, 出現世間, 隨眾生欲, 種種說法.」(『대정장』권9, p.19, c10-11) 있음을 깨뜨리신 법왕이 세상에 출현하시어 중생들의 욕망에 따라 여러 가지 법을 설하신다.

亦云, 我於然燈佛所,[122] 無少法可得.
역운　아어연등불소　　무소법가득

또 이르시길
나는 연등불 처소에서
조그마한 법을 얻은 것이 없다고 하신 것이다.

此語只爲空爾情量知解.
차어지위공이정량지해

이 말은 단지 그대의 사량과 알음알이를 비우게 하기 위함이다.

但銷鎔表裏, 情盡都無依執, 是無事人.[123]
단소용표리　　정진도무의집　　시무사인

다만 겉과 속을 녹이고
욕망의 생각이 다하여 전혀 의지하거나 집착이 없어야
일 없는 사람이다.

---

122) 『金剛般若波羅蜜經』권1 : 「제10莊嚴淨土分」 世尊! 如來在然燈佛所, 於法實無所得.」(『대정장』권8, p.749, c17-18) 세존이시여! 여래께서 연등불 처소에 계실 때 법을 진실로 얻은 바가 없습니다.

123) 『鎭州臨濟慧照禪師語錄』:「佛與祖師是無事人,」(『대정장』권47, p.499, b11-12) 부처와 조사는 일 없는 사람이다.

三乘教網, 秖是應機之藥, 隨宜所說臨時施設, 各各不同.
삼승교망　지시응기지약　수의소설임시시설　각각부동

그물처럼 둘러쳐진 삼승의 가르침은
단지 근기에 응하여 약을 투여하는 것이어서
편의에 따라 임시로 설한 것이니
각각 다르다.

但能了知, 即不被惑.
단능료지　즉불피혹

다만 깨달아 알면
미혹하지 않는다.

第一不得於一機一教邊守文作解.
제일부득어일기일교변수문작해

절대로 어떤 경지나 어떤 가르침의 말에 집착해서
알음알이를 일으켜서는 안 된다.

何以如此, 實無有定法如來可說.[124]
하이여차　실무유정법여래가설

어째서 이와 같은가 하면
진실로 고정된 법으로 여래께서 설하신 것은 없기 때문이다.

我此宗門, 不論此事, 但知息心即休,[125]
아차종문　불론차사　단지식심즉휴

更不用思前慮後.
갱불용사전려후

우리의 종문에서는 이 일을 논하지 않지만
단지 마음을 쉴 줄 알면 곧 끝나는 것이어서
다시 앞뒤를 생각할 필요가 없다.

---

124) 『金剛般若波羅蜜經』권1 : 「제7무득무설법」 須菩提言 :「如我解佛所說義, 無有定法名阿耨多羅三藐三菩提, 亦無有定法, 如來可說. 何以故？ 如來所說法, 皆不可取, 不可說, 非法, 非非法. 所以者何？ 一切賢聖, 皆以無爲法而有差別.」(『대정장』권8, p.749, b13-18) 수보리가 말하길, 제가 알기로는 부처님께서 설하는 뜻은 고정된 법이 없는 아뇩다라삼먁삼보리 역시 고정된 법이 없이 여래께서 설하셨습니다. 왜냐하면 여래께서 설하신 법은 모두 취할 수 없으며, 설명할 수 없으며, 법도 아니며, 법 아님도 없습니다. 그것은 무슨 까닭인가? 일체 모든 현성은 모두 무위법으로 차별하기 때문입니다.

125) 『景德傳燈錄』권30 :「牛頭法融禪師心銘」 莫滅凡情, 唯教息意.」(『대정장』권51, p.457, c23) 범부의 생각을 없애려고 하지 말고 오직 생각을 쉬게 하라.
『景德傳燈錄』권30 :「僧亡名息心銘」 無多慮無多知. 多知多事不如息意.」(『대정장』권51, p.458, a17-18) 많이 생각하지도 말고 많이 알려고도 하지 말라. 많이 알아 번잡한 것보다는 마음을 쉬는 것이 더 낫다.

마음이
곧 부처다

問, 從上來皆云, 卽心是佛, 未審卽那箇心是佛.
문 종상래개운 즉심시불 미심즉나개심시불

배휴가 여쭈길, 예로부터 모두 마음이 부처라고 말하지만 도대체 어느 마음이 부처입니까?

師云, 爾有幾箇心.
사운 이유기개심

선사께서 이르시길, 그대는 몇 개의 마음이 있는가?

云, 爲復[126]卽凡心是佛, 卽聖心是佛.
운 위복 즉범심시불 즉성심시불

여쭈길, 범부의 마음이 부처입니까?
그렇지 않으면 성인의 마음이 부처입니까?

---

126) 爲復(위복) A, 爲復(위복) B는 'A인가 B인가'라는 선택 의문의 구법이다. 爲復(위복)은 '대체'라든가, '도대체' 정도의 의미이다.

師云, 爾何處有凡聖心耶.
사운 이하처유범성심야

선사께서 이르시길
그대의 어떤 곳에 범부와 성인의 마음이 있는 것인가?

云, 即今三乘中說有凡聖, 和尚何得言無.
운 즉금삼승중설유범성 화상하득언무

여쭙길
지금 삼승에 범부와 성인이 있다고 말씀하시는데
화상께서는 어찌 없다고 말씀하십니까?

師云, 三乘中分明向爾道, 凡聖心是妄.
사운 삼승중분명향이도 범성심시망

선사께서 이르시길
삼승에 분명히 그대들에게
범부와 성인의 마음은 허망하다고 말씀하셨다.

爾今不解, 返執爲有, 將空作實.
이금불해 반집위유 장공작실

그대는 지금 알지 못하고 도리어 마음에 집착하여
공함을 가지고 실체를 짓고 있다.

豈不是妄, 妄故迷心.
기불시망　망고미심

어찌 허망하지 않는 것이라고 하겠는가?
허망한 까닭으로 마음이 미혹된 것이다.

汝但除却凡情聖境, 心外更無別佛.
여단제각범정성경　심외갱무별불

그대는 다만 범부의 생각이나 성인의 경계를 제거하면
마음밖에 다시 다른 부처는 없다.

祖師西來, 直指一切人全體是佛.
조사서래　직지일체인전체시불

달마 대사가 서쪽에서 오신 것은
일체 모든 사람들 전체가 부처인 것을 곧바로 가리킨 것이다.

汝今不識, 執凡執聖向外馳騁,[127] 還自迷心.
여금불식　집범집성향외치빙　　환자미심

그대가 지금 알지 못하고 범부와 성인에 집착하여
밖으로 치달으니, 도리어 스스로 마음을 미혹시키고 있다.

---

127) 『鎭州臨濟慧照禪師語錄』권1: 「祇爲不向外馳求, 有此功用.」(『대정장』권47, p.497, b21) 단지 밖을 향해 치달아 구하지 않아야 이 불성의 작용이 있다.

所以向汝道, 卽心是佛.
소이향여도　즉심시불

그래서 그대들에게 말하길, 마음이 부처라고 설한 것이다.

一念情生, 卽墮異趣.
일념정생　즉타이취

한 생각의 망념이 일어나면
곧 육도의 다른 세상에 떨어지게 된다.

無始已來, 不異今日, 無有異法, 故名成等正覺.[128]
무시이래　불이금일　무유이법　고명성등정각

비롯함이 없이 지금에 이르도록
오늘과 다르지 않고 다른 법이 없다.
그러므로 정등각을 이루었다고 말하는 것이다.

云, 和尙所言卽者, 是何道理.
운　화상소언즉자　시하도리

여쭈길, 화상께서 말씀하신 바의 그대로는 어떠한 도리입니까?

---

128) 正等覺(정등각)이라고도 하며 또 생략하여 정각이라고도 하고, 아뇩다라삼먁삼보리라고도 한다. 無上正覺(무상정각), 즉 위없는 훌륭하고 바른 평등, 원만한 깨달음의 지혜를 말한다.

師云, 覓什麼道理, 纔有道理, 便即心異.[129]
사운 멱십마도리 재유도리 변즉심이

선사께서 이르시길
어떤 도리를 찾으려 하여, 겨우 도리가 있으면
곧바로 마음이 근본과 다르게 된다.

云, 前言無始已來, 不異今日, 此理如何.
운 전언무시이래 불이금일 차리여하

여쭈길
앞에서 비롯함이 없이 지금에 이르도록
오늘과 다르지 않다는
이 도리는 어떠한 것입니까?

師云, 秖爲覓故, 汝自異他, 汝若不覓, 何處有異.
사운 지위멱고 여자이타 여약불멱 하처유이

선사께서 이르시길
단지 그 도리를 찾으려는 까닭으로
그대 스스로 그것과 달라지는 것이니
그대가 만약 찾지 않으면, 어느 곳이 다름이 있겠는가?

---

129) 『景德傳燈錄』권28 :「南泉普願章」爾若一念異, 即難爲修行.」(『대정장』권51, p.446, b3-4) 그대가 만약 한 생각이 다르면 수행은 어렵게 된다.
『景德傳燈錄』권30 :「信心銘」心若不異, 萬法一如.」(『대정장』권51, p.457, b12) 마음이 만약 다르지 않으면 만법은 하나가 된다.

云, 既是不異, 何更用說即.
운 기시불이 하갱용설즉

여쭈길, 이미 다르지 않는데
어찌 다시 그렇다고 말씀하실 필요가 있겠습니까?

師云, 汝若不信凡聖, 阿誰向汝道即.
사운 여약불신범성 아수향여도즉

선사께서 이르시길, 그대가 만약 범부와 성인을 믿지 않는다면
어느 누가 그대에게 그렇다고 말하겠는가?

即若不即, 心亦不心.
즉약부즉 심역불심

만약 그렇지 않는다면, 마음 또한 마음이 아니다.

可中[130]心即俱忘, 阿爾[131]便擬向何處覓去.
가중 심즉구망 아이 변의향하처멱거

만약 마음이 곧 다 없어지면
아! 그대는 곧바로 어느 곳에서 구하러 갈 생각인가?

---

130) 可中(가중)은 '만약, 만약의 경우'라는 뜻의 속어이다. 종래에 이것을 可(가)의 中(중)이라고 훈독하여 箇中(개중), 箇裏(개리)와 같은 의미로 해석하고 있는 것은 잘못된 것이다.

131) 阿爾(아이)의 阿(아)는 가벼운 친밀함의 뉘앙스를 띤 접두사이다.

이심전심
以心傳心

問, 妄能障自心, 未審而今以何遣妄.
문　망능장자심　미심이금이하견망

배휴가 여쭈었다.
망념이 자기의 마음을 장애하면
도대체 지금 무엇으로써 망념을 쫓아 버려야 합니까?

師云, 起妄遣妄亦成妄.
사운　기망견망역성망

선사께서 이르시길, 망념을 일으키는 것도
망념을 쫓아 버리는 것도 역시 망념이 되는 것이다.

妄本無根, 秖因分別而有.
망본무근　지인분별이유

망념은 본래 뿌리가 없지만
다만 분별하는 마음에 의하여 있는 것이다.

爾但於凡聖兩處情盡, 自然無妄, 更擬若爲遣他.
이단어범성양처정진　자연무망　갱의약위견타

그대가 다만 범과 성이라는 두 곳의 생각이 다하면
자연스럽게 망념이 없어진다.
다시 어떻게 그것을 보내려고 하는가?

都不得有纖毫依執, 名爲我捨兩臂必當得佛. [132]
도부득유섬호의집　명위아사양비필당득불

절대로 털끝만큼도 의지하거나 집착하지 않아야
이름 하여 두 팔을 버리고 반드시 부처가 될 것이라고 하는 것이다.

云, 既無依執, 當何相承.
운　기무의집　당하상승

여쭈길, 이미 의지하거나 집착함이 없는데
무엇을 서로 계승합니까?

---

132) 『妙法蓮華經』권6 「藥王菩薩本事品23」: 『此一切衆生憙見菩薩, 是我等師, 教化我者, 而今燒臂, 身不具足.』于時一切衆生憙見菩薩, 於大衆中立此誓言: 『我捨兩臂, 必當得佛金色之身, 若實不虛, 令我兩臂還復如故. 作是誓已, 自然還復, 由斯菩薩福德智慧淳厚所致.』『대정장』권9, p.54, a6-8) 이 일체중생희견보살은 우리들의 스승으로 우리를 교화하는 분인데 지금 팔을 태워 불구의 몸이 되시다니 이때에 일체중생희견보살이 대중 속에서 서원을 세우길, '나의 두 팔을 버리어 반드시 금색의 몸을 얻게 되리니 만약 허망하지 않고 진실하다면 나의 두 팔이 다시 예전같이 되어 지이다'라고 서원을 마치니 자연스럽게 그의 두 팔이 복원되었는데 이 보살의 복덕과 지혜가 맑고 두터운 까닭이다.

師云, 以心傳心.
사운 이심전심

선사께서 이르시길
마음으로써 마음을 전한다.

云, 若心相傳, 云何言心亦無.
운 약심상전 운하언심역무

여쭈길
만약 마음이 서로 전한다면
어떻게 마음 또한 없다고 말씀하십니까?

師云, 不得一法名爲傳心, 若了此心, 卽是無心無法.[133]
사운 부득일법명위전심 약료차심 즉시무심무법

선사께서 이르시길
하나의 법도 얻을 수 없는 것을 이름 하여
마음으로 전한다고 하는 것으로
만약 이 마음을 요달하면 마음도 없고 법도 없다.

---

[133]『景德傳燈錄』권1 :「第三祖商那和修」非法亦非心, 無心亦無法, 說是心法時, 是法非心法」(『대정장』권51, p.207, a16-18) 법도 아니고 또한 마음도 아니며, 마음도 없으며 또한 법도 없으니 심법을 설할 때 이 법은 심법이 아니다.
『景德傳燈錄』권1 :「第五祖提多迦」通達本法心, 無法無非法, 悟了同未悟, 無心亦無法」(『대정장』권51, p.208, a11-12) 본심법에 통달하면 법도 없고 법아님도 없다. 깨달음을 요달하면 깨닫기 전과 같으니 마음도 없고 또한 법도 없다.

云, 若無心無法云何名傳.
운   약무심무법운하명전

여쭈길, 만약 마음도 없고 법도 없는데 어떻게 전한다고 이름 합니까?

師云, 汝聞道傳心, 將謂有可得也.
사운   여문도전심   장위유가득야

선사께서 이르시길, 그대가 마음을 전한다는 말을 듣고
장차 얻을 수 있다고 생각하고 있다.

所以祖師云,[134] 認得[135]心性時, 可說不思議,
소이조사운   인득   심성시   가설부사의

了了無所得, 得時不說知, 此事若教汝會何堪也.
료료무소득   득시불설지   차사약교여회하감야

그래서 조사께서 이르시길
마음의 본성을 알았을 때 부사의하다고 한다.
분명하게 얻을 바가 없으며, 얻었더라도 알았다고 말하지 못한다.
이 일을 만약 알게 하려고 한다 해도 어찌 감당하겠는가?

---

134) 제23조 학륵나 존자의 게송이다. 『景德傳燈錄』권2 : 「第二十三祖鶴勒那」認得心性時, 可說不思議, 了了無可得, 得時不說知」(『대정장』권51, p.214, b27-28)

135) 認得(인득)은 '깨닫다, 간파하다'의 뜻이다. 『景德傳燈錄』권2 : 「心隨萬境轉, 轉處實能幽, 隨流認得性, 無喜復無憂」(『대정장』권51, p.214, a24-25) 마음은 여러 가지 경계를 따라 전변하지만 전변하는 곳마다 진실이 그윽하니 시절 인연에 따라 본성을 깨달으면 기쁨도 없고 다시 근심도 없다. 제22조 마나라 존자의 게송이다.

마음과
경계

問, 秖如目前虛空, 可不是境, 豈無指境見心乎.[136]
문　지여목전허공　　가불시경　　기무지경견심호

여쭙길
예를 들어 눈앞의 허공이
경계가 아니라고 하겠습니까?
어찌 경계를 가리켜 마음을 보는데 없다고 하겠습니까?

師云, 甚麼心教汝向境上見, 設汝見得, 只是個照境底心.
사운　심마심교여향경상견　설여견득　지시개조경저심

선사께서 이르시길
어떤 마음으로 하여금 그대의 경계를 본다고 하는가?
설사 그대가 본다고 하더라도, 단지 경계를 비추는 마음뿐이다.

---

136) '마음이 허공과 같다'고 설한 그 자체가 허공을 境(objective인 것)으로써 措定(조정)한 설명이며, 그러한 조정에 있어서만 마음을 보게 된다. '자성으로서 본래 공인 마음을 본체로 直視(직시)한 것이 아닙니까'라는 질문이다.

如人以鏡照面,[137] 縱然得見眉目分明,
여인이경조면　　　종연득견미목분명

元來秖是影像, 何關汝事.
원래지시영상　　하관여사

어떤 사람이 거울에 얼굴을 비출 때와 같이
눈썹과 눈을 분명히 본다고 하더라도
원래 단지 그림자일 뿐
어찌 그대의 일과 관계가 있겠는가?

云, 若不因照, 何時得見.
운　약불인조　하시득견

여쭈길
만약 비추는 것에 인연하지 않으면
언제 볼 수 있겠습니까?

師云, 若也涉因,[138] 常須假物, 有什麽了時.
사운　약야섭인　　상수가물　유십마료시

선사께서 이르시길
만약 비추는 것을 인연으로 하면
언제나 반드시 물건을 수단하기에, 언제 끝날 날이 있겠는가?

---

137) 照(조)는 '비치게 하다, 투영하다' 또는 '반영하다, 비치다'라는 의미이다.

138) 若也(약야)는 '만약'이라는 뜻이다. 종래 '만약, 또한'이라고 읽은 것은 잘못이다.

汝不見他向汝道, 撒手[139]似君無一物, 徒勞謾說數千般.
여불견타향여도　살수　사군무일물　도로만설수천반

그대는 그가 그대에게 말하는 것을 보지 못했는가?
손을 펴서 그대에게 보여도 한 물건도 없으니
함부로 수천 가지를 말해도 헛수고일 뿐이다.

云, 他若識了照亦無物耶.[140]
운　타약식료조역무물야

여쭙길
그가 만약 분명하게 깨달았다면
비추는 것 또한 아무 물건도 없는 것입니까?

師云, 若是無物, 更何用照,[141] 爾莫開眼寱語去.
사운　약시무물　갱하용조　　이막개안예어거

선사께서 이르시길
만약 아무 물건도 없다면
다시 어찌 비추겠는가?
그대는 눈뜨고 잠꼬대하지 말라.

---

139) 撒手(살수)는 무엇인가를 잡은 손을 확 놓아 주는 것을 말함.

140) 物(물)이라는 것은 비추는 것(鏡)과 비치는 것(像)과의 둘 다를 의미하는 것이다.

141) 『宗鏡錄』권5 :「更何處得照.」『대정장』권48, p.444, c1) '도대체 비춘다고 하는 것이 어디에 성립하는 것인가?'라는 의미로 나와 있다.

무구
無求

上堂云, 百種多知, 不如無求,[142] 最第一也.
상당운　백종다지　불여무구　　최제일야

상당하여 이르시길
여러 가지 많이 아는 것은
구함이 없는 것만 못하니
이것이 가장 첫 번째이다.

---

[142] 『維摩詰所說經』권2 「不思議品6」: 「若求法者, 於一切法, 應無所求.」(『대정장』권14, p.546, a25-26) 만약 법을 구하는 것은 일체 모든 법에 마땅히 구하는 바가 없어야 한다.
『景德傳燈錄』권6 : 「百丈懷海章」佛是無求人, 求之卽乖理.」(『대정장』권51, p.250, b12) 부처는 구하는 것이 없는 사람이다. 그것을 구하려고 하면 달아난다.

道人是無事人,[143] **實無許多般心,**[144] **亦無道理可說.**
도인시무사인　　　실무허다반심　　　역무도리가설

도인은 일 없는 사람이기에
진실로 여러 가지 마음이 없고
또한 도리로서 설할 만한 것도 없는 것이다.

無事散去.
무사산거

일 없으니 모두 물러가라.

---

143) 無事人(무사인):『鎭州臨濟慧照禪師語錄』권1:「道流! 切要求取真正見解, 向天下橫行, 免被這一般精魅惑亂. 無事是貴人, 但莫造作, 秖是平常.」(『대정장』권47, p.497, c26-28) 여러분! 간절하게 진정 견해를 구해서 천하를 자유롭게 살아갈 수 있어야 들여우 같은 안목 없는 선승들에게 현혹되지 않는다. 일이 없는 무사한 사람이 다만 조작함이 없이 단지 평상심으로 살아야 한다.

144) 實無許多般心(실무허다반심):『鎭州臨濟慧照禪師語錄』권1:「約山僧見處無如許多般, 秖是平常著衣, 喫飯, 無事過時.」(『대정장』권47, p.500, c10-11) 만약 산승의 견해로는 장황한 것은 없고 단지 평상시의 그대로 옷을 입고 밥을 먹는 일 없는 삶이다.
『鎭州臨濟慧照禪師語錄』권1:「據我見處, 寔無許多般道理, 要用便用, 不用便休.」(『대정장』권47, p.502, a15-16) 나의 견해로 볼 때 불법이란 진실로 여러 가지 복잡한 도리가 없다. 그대들의 지혜 작용을 사용하고 싶으면 즉시 사용하고, 사용하고 싶지 않으면 곧바로 쉬는 것이다.

머무는 바 없는 마음이
곧 부처의 행이다

問, 如何是世諦.[145]
문 여하시세제

배휴가 여쭈길
무엇이 세제입니까?

師云, 說葛藤[146]作什麽.
사운 설갈등 작십마

선사께서 이르시길
갈등을 설해서 무엇 하겠는가?

---

145) 世諦(세제)는 속제, 세속제라고도 한다. 유일진실의 진리를 眞諦(第一義諦)라고 하는 것에 대해 세속적인 진리, 상대적인 도리를 말한다. 여기에서 질문자가 세제를 꺼낸 것은 진실한 법을 깨닫는 데는 일체의 방편을 개입시켜서는 안 되지만 진제를 설하기 위해서는 세제에 의하지 않을 수 없다.

146) 葛藤(갈등)은 꾸불꾸불 서로 얽혀 휘감아 붙은 것의 비유이다. 어구의 의미만을 천착하여 구경의 것을 보지 못하는 것을 말한다.

本來淸淨, 何假言說問答.
본래청정　하가언설문답

본래 청정한데
어떤 언설을 빌려 문답을 하겠는가?

但無一切心, 卽名無漏智.[147]
단무일체심　즉명무루지

다만 일체 모든 마음이 없는 것을
무루지라 한다.

汝每日行住坐臥, 一切言語, 但莫著有爲法.[148]
여매일행주좌와　일체언어　단막착유위법

그대는 매일 가고 머무르고 앉고 누움과
일체 모든 언어에 있어서도
다만 유위법에 집착하지 말라.

---

147) 無漏智(무루지)는 인간이 가진 번뇌 때문에 갖가지 괴로움이나 과오가 누출하여 인간을 미혹의 세계로 표류시킨다고 하는 생각으로부터 번뇌를 有漏(유루)라고 한다. 그러한 번뇌를 끊고 부처의 깨달음을 목표로 하는 성자의 지혜를 無漏智(무루지)라고 한다.

148) 有爲法(유위법)은 존재하는 모든 것은 그 자체로서의 불변한 실체를 가지지 않고 모두 어떠한 인연에 의하여 생기하고 변화하는 것이라고 하는 세계관에 바탕을 둔 것이다. 그러한 현상 존재를 초월한 진여를 무위법이라 한다.

出言瞬目, 盡同無漏, 如今末法向去, 多是學禪道者,[149]
출언순목　진동무루　여금말법향거　다시학선도자

皆著一切聲色, 何不與我心.
개착일체성색　하불여아심

말을 하거나 눈을 깜박이는 것이
모두 무루와 같다.
지금 시대에는 대개 선을 배우는 사람들이
모두 일체 모든 소리와 사물에 집착하는데
어찌 자기의 마음과 함께 하지 않겠는가?

心同虛空去, 如枯木石頭去,[150]
심동허공거　여고목석두거

如寒灰死火去, 方有少分相應.
여한회사화거　방유소분상응

마음이 허공처럼 되어 가고
마른나무나 돌덩이와 같이 되어 가며
또 차가워진 재나 꺼진 불처럼 되어 가면
비로소 본심과 상응함이 있을 것이다.

---

149) 多是(다시)는 속어로 '應是(응시)'라고도 한다. '모두, 모든 이'라는 의미이다.

150) 『보리달마이입사행론장권자』 問, 云何心是道體 答, 心如木石. '묻길, 어찌 마음이 도의 본체라고 하십니까? 답하길, 마음을 목석과 같이 하라'고 설명하고 있다.

若不如是, 他日盡被閻老子拷爾在.
약불여시　타일진피염로자고이재

만약 이와 같이 되지 못하면
뒷날 모두 염라대왕에게 그대를 때리게 할 것이다.

爾但離却有無諸法, 心如日輪常在虛空, 光明自然,
이단리각유무제법　심여일륜상재허공　광명자연

不照而照, 不是省力底事.
부조이조　불시생력저사

그대가 다만 유위, 무위 모든 법을 여의어
마음이 마치 태양이 항상 허공에 떠 있어서
광명이 자연스럽게 비추지 않으면서도
비추면 힘을 더는 일이 되지 않겠는가?

到此之時, 無棲泊處.[151]
도차지시　무서박처

여기에 이르러서는
머무를 곳이 없다.

---

151) 『維摩詰所說經』 권2 「觀眾生品7」 : 「菩提無住處, 是故無有得者.」(『대정장』 권14, p.548, c17) 보리는 주처가 없다. 그러므로 얻을 바가 없는 것이다.

即是行諸佛行,[152) 便是應無所住而生其心.[153)
즉시행제불행　　변시응무소주이생기심

이것이 제불이 행을 실천하는 것이며
곧바로 머무는 바 없이 그 마음을 내는 것이다.

此是爾淸淨法身, 名爲阿耨菩提.[154)
차시이청정법신　　명위아뇩보리

이것이 그대의 청정법신이며
아뇩보리라 한다.

---

152) 『頓悟入道要門論』권1 : 「不行一切行, 卽名佛行, 亦名正行, 亦名聖行.」(『속장경』권63, p.19, a12-13) 일체 모든 행을 행하지만 행했다는 생각도 없이 행하는 것이 곧 부처의 행이며 또한 바른 행이고 또한 성인의 행이다.

153) 『金剛般若波羅蜜經』권1 : 「제10장엄정토분」 諸菩薩摩訶薩應如是生淸淨心, 不應住色生心, 不應住聲, 香, 味, 觸, 法生心, 應無所住而生其心.」(『대정장』권8, p.749, c20-23) 모든 위대한 보살들은 당연히 이렇게 청정한 마음을 일으켜야 한다. 마땅히 모양에 집착하지 말고 마음을 일으켜야 하며, 마땅히 소리·향기·맛·감촉·이치에 머무는 바 없이 마음을 일으켜야 한다. 육조혜능은 최초로 이 구를 듣고 깨달음을 열었다고 한다.

154) 아뇩다라삼먁삼보리(anuttara-samyak-sambodhi)의 약어이다. 부처님이 소유하는 최고 깨달음의 지혜를 말한다.

若不會此意, 縱爾學得多知, 勤苦修行, 草衣木食,
약불회차의　종이학득다지　근고수행　초의목식

不識自心155)盡名邪行, 定作天魔眷屬,
불식자심　진명사행　정작천마권속

如此修行, 當復156)何益.
여차수행　당복　하익

만약 이 뜻을 깨닫지 못하면
설사 그대가 많은 지식을 배워 얻고 부지런히 수행하며
풀로 옷을 삼고 나무껍질을 먹는다 할지라도
자기의 마음을 깨닫지 못하면
모두 삿된 수행이라 하며
반드시 천마의 권속이 될 것이다.
이러한 수행은 도대체 어떤 이익이 있겠는가?

---

155) 『宗鏡錄』권98 : 「太原和尚云, 夫欲發心入道, 先須識自本心. 若不識自本心, 如狗逐塊, 非師子王也.」(『대정장』권48, p.942, b12-14) 태원화상이 이르길, 대개 발심하여 도에 들어가려고 하면 먼저 반드시 자기의 본심을 알아야 한다. 만약 자기의 본심을 알지 못하면 흙덩이를 쫓는 개와 같아서 사자왕이 아니다.
『宗鏡錄』권95 : 「但覺自心, 何以故, 覺自心者, 卽覺一切衆生心故.」(『대정장』권48, p.931, a26-28) 단지 자기의 마음을 깨달아야 한다. 왜냐하면 자기의 마음을 깨닫는 것은 일체중생의 마음을 깨닫는 까닭이다.
『守護國界主陀羅尼經』권1 「陀羅尼品2」: 「善男子欲知菩提當了自心. 若了自心卽了菩提.~欲知菩提眞實性者, 當了自心. 如其心性卽菩提性.」(『대정장』권19, p.527~528, c8-9, a9-10) 선남자야! 보리를 알고 싶다면 마땅히 자기의 마음을 깨달아야 한다. 만약 자기의 마음을 깨달으면 곧 보리를 깨닫는 것이다. 보리의 진실한 성품을 알고자 한다면 마땅히 자기의 마음을 깨달아라. 그 마음의 성품은 곧 보리의 성품이다.

156) 當復(당복)은 '도대체, 대체'의 뜻이 있다. 의문문에 있어서 當(당)이나 復(복)은 단순히 의문의 어기(語氣)를 더하는 것에 불과하다.

志公云,[157] **佛本是自心作, 那得向文字中求.**
지공운　　　불본시자심작　　나득향문자중구

지공화상이 이르시길
부처는 본래 자신의 마음이 이루는 것인데
어찌 문자 안에서 구할 수 있겠는가? 라고 했다.

饒爾學得三賢四果十地滿心,[158] **也秖是在凡聖內坐.**
요이학득삼현사과십지만심　　　야지시재범성내좌

설사 그대가 삼현, 사과, 십지, 만심을 배워 체득했다 하더라도
역시 단지 범부와 성인의 자리에 있는 것이다.

不見道, 諸行無常, 是生滅法.[159]
불견도　　제행무상　　시생멸법

그대는 보지 못했는가?
모든 항상함이 없는 것이 생멸법이다.

---

157) 지공은 양대(梁代)의 스님으로 寶志(보지)라는 스님이다. '寶誌, 保誌'라고도 쓴다. 스님의 시송으로 전해지는 작품은 『대승찬』, 『십이시송』, 『십사과송』 등이 있다.

158) 三賢十聖(삼현십성)은 깨달음의 단계에 의한 賢聖(현성)의 구별로 三賢(삼현)은 十住(십주), 十行(십행), 十回向(십회향)의 보살. 十聖(십성)은 10지의 보살을 말한다. 四果(사과)는 소승불교에서 수행의 단계와 깨달음의 경지를 4종으로 분류하여 수다원(예류과), 사다함(일래과), 아나함(불환과), 아라한(살적, 불생)의 4과를 말한다.

勢力盡, 箭還墜, 招得來生不如意, 爭似無爲實相門,
세력진　전환추　초득래생불여의　쟁사무위실상문

一超直入如來地.[160]
일초직입여래지

세력이 다하면
화살은 도리어 땅에 떨어지고
다음 생의 뜻하지 않는 운명을 초래하니
어찌 무위실상문에서 한번 뛰어넘어
여래의 자리를 체득하는 것만 하겠는가?

爲爾不是與麼人, 須要向古人建化門廣學知解.
위이불시여마인　수요향고인건화문광학지해

그대는 그러한 사람이 아니니
반드시 요컨대 옛 사람이 건립한 교화문에서
널리 지혜를 배워야 한다.

---

159) 『大般涅槃經』권14 「聖行品7」(『대정장』권12, p.450-451, a1) 보이는 유명한 구로서 이른바 雪山偈(설산게)이다. 부처가 전생에 설산동자로 있을 때 나찰이 앞의 '諸行無常(제행무상), 是生滅法(시생멸법)'이라는 게송을 읊자 나머지 뒤의 2구 '生滅滅已(생멸멸이), 寂滅爲樂(적멸위락)'을 듣고 싶다고 하니 나찰이 지금 배가 고프니 너의 피를 먹고 싶다고 하자 자기 몸을 공양하겠다고 약속하고 나머지 뒤의 2구를 듣고 높은 나뭇가지에 올라 뛰어내리니 나찰이 인드라의 모습으로 변하여 설산동자를 받아 내려놓자 여러 천신들이 그의 발에 절을 하면서 그토록 지극하게 깨달음의 경지를 구하는 구도의 정신과 서원을 찬탄하였다고 한다.

160) 『永嘉證道歌』권1 : 「勢力盡箭還墜, 招得來生不如意, 爭似無爲實相門, 一超直入如來地.」(『대정장』권48, p.396, a17-19) 힘이 다하면 화살은 도리어 떨어지고 내생의 사람이 여의하지 못함을 초래하니 어찌 무위의 실상문에서 한번 건너뛰어 여래의 경지에 들어가는 것과 같겠는가?

志公云, 不逢出世明師, 枉服大乘法藥.
지공운　불봉출세명사　왕복대승법약

지공화상이 이르시길, 출세간에 눈 밝은 스승을 만나지 못하여
쓸데없이 대승의 법약을 복용하고 있다고 했다.

爾如今一切時中行住坐臥, 但學無心, 久久須實得.
이여금일체시중행주좌와　단학무심　구구수실득

그대가 지금 일체 모든 때에 가고 머무르고
앉고 누움에, 다만 무심을 배우면서
오랜 시간이 지나면 반드시 진실을 체득할 것이다.

爲爾力量小, 不能頓超, 但得三年五年或十年,
위이력량소　불능돈초　단득삼년오년혹십년

須得箇入頭處, [161] **自然會去.**
수득개입두처　　자연회거

그대가 역량이 부족해서 단박에 뛰어넘지 못하더라도
다만 삼년, 오년 혹은 십년 안에 반드시 깨달음에 나아가는
실마리를 잡을 수 있어, 자연스럽게 깨닫게 될 것이다.

---

161) 入頭處(입두처)는 入處(입처)라고도 한다. 깨달음의 경지의 문에 발을 한 걸음 들여놓아 깨
달음의 최초 체험을 얻는 것이다.

爲爾不能如是, 須要將心學禪學道, 佛法有甚麽交涉.
위이불능여시　수요장심학선학도　불법유심마교섭

그대는 이와 같이 하지 못하기에
반드시 마음을 가지고 선을 배우고
도를 배워야 한다고 생각하고 있으니
불법과 무슨 관계가 있겠는가?

故云, 如來所說, 皆爲化人, 如將黃葉爲金,
고운　여래소설　개위화인　여장황엽위금

止小兒啼, 決定不實.[162]
지소아제　결정불실

그러므로 이르시길
여래가 설하신 것은
모두 사람들을 교화하기 위하여
장차 노란 나뭇잎을 금이라 하여
어린아이의 울음을 그치게 하는 것과 같다고 했으니
결코 진실이 아니다.

---

162) 『大般涅槃經』권20 「嬰兒行品9」:「又嬰兒行者, 如彼嬰兒啼哭之時, 父母卽以楊樹黃葉, 而語之言.:『莫啼莫啼, 我與汝金.』嬰兒見已生眞金想, 便止不啼, 然此楊葉實非金也.」『대정장』권12, p.485, c10 -13) 또 영아행이란? 어린아이가 울고 있을 때 부모가 버드나무의 황색 잎을 보이며 '울지 마라 울지 마라 내가 금을 줄 테니'라고 하면 어린아이는 진짜 금이라고 생각하여 곧바로 울음을 그치는데 그러나 이 버드나무 잎은 진실로 금이 아니다.

若有實得, 非我宗門下客, 且與爾本體有甚交涉.
약유실득   비아종문하객   차여이본체유심교섭

만약 진실함을 체득할 수 있다면
우리 선종문하의 사람이 아니다.
또 그대의 본체와 어떤 관계가 없다.

故經云, 實無少法可得, 名爲阿耨菩提. [163]
고경운   실무소법가득   명위아뇩보리

그러므로 경에 이르길, 진실로 작은 법도 얻을 수 없는 것을
이름 하여 아뇩보리라 한다고 했다.

若也會得此意, 方知佛道魔道俱錯, [164] **本來淸淨晈晈地,**
약야회득차의   방지불도마도구착   본래청정교교지

無方圓, 無大小, 無長短等相, 無漏無爲, 無迷無悟.
무방원   무대소   무장단등상   무루무위   무미무오

만약 이 뜻을 깨달으면
바야흐로 불도와 마구니 도가 모두 잘못되었음을 알 것이다.
본래 청정하여 밝고 밝은 자리에는, 모나고 둥금도 없고
크고 작음도 없으며, 길고 짧음 등의 모양도 없으며
번뇌와 작위도 없으며, 미혹도 깨달음도 없다.

---

163) 『金剛般若波羅蜜經』권1 : 「我於阿耨多羅三藐三菩提乃至無有少法可得, 是名阿耨多羅三藐三菩提.」(『대정장』권8, p.751, c22-23) 이와 같고 이와 같다. 나의 아뇩다라삼먁삼보리는 어떤 작은 법도 얻을 것이 없기 때문에 이 이름이 아뇩다라삼먁삼보리이다.

了了見,¹⁶⁵⁾ 無一物, 亦無人, 亦無佛.
료료견　　　무일물　역무인　역무불

분명하고 분명하게 보아라.
한 물건도 없고
또한 사람도 없으며
또한 부처도 없다.

大千沙界海中漚, 一切聖賢如電拂.
대천사계해중구　　일체성현여전불

대천세계는 바다 위의 물거품이고
일체 모든 성현들은 전깃불과 같다는 것을.

---

164) 『景德傳燈錄』권29 : 「寶誌和尙大乘讚」 內見外見總惡, 佛道魔道俱錯. 被此二大波旬, 便卽厭苦求樂. 生死悟本體空, 佛魔何處安著.」(『대정장』권51, p.449, c10-12) 내견도 외견도 모두 나쁘고 불도도 마도도 모두 잘못되어 있다. 이 두 가지 큰 파순에 미혹되어 사람은 괴로움을 싫어하고 즐거움을 추구한다. 생사의 근원을 깨달으면 그 본체는 공한 것, 어디에도 불마(佛魔)가 자리 잡지 않는다.

165) 『永嘉證道歌』권1 : 「了了見無一物, 亦無人亦無佛, 大千沙界海中漚, 一切聖賢如電拂.」(『대정장』권48, p.396, c23-24) 분명하게 보아도 한 물건도 없으니 역시 사람도 없고 부처도 없으니 삼천대천세계의 바다 속의 물거품이요, 일체의 성현도 번갯불이 번쩍하는 것이다.

一切不如心眞實, 法身從古至今與佛祖一般,
일체불여심진실　법신종고지금여불조일반

何處欠少一毫毛.
하처흠소일호모

일체 모든 것은 마음의 진실한 것만 못하고
법신은 옛날부터 오늘에 이르기까지 부처나 조사와 같아서
어느 곳에 털끝만큼이라도 모자람이 있겠는가?

旣會如是意, 大須努力, 盡今生去, 出息不保入息.
기회여시의　대수노력　진금생거　출식불보입식

이미 이와 같은 뜻을 알았다면
대단히 모름지기 노력해야 한다.
금생에 다해야지
나온 숨은 들이마시는 숨을 보증하지 않는다.

육조는
왜 조사가 되었는가?

問, 六祖不會經書,[166] 何得傳衣爲祖.
문　육조불회경서　　　하득전의위조

배휴가 여쭈었다.
육조 대사는 경전을 읽지 못했는데
어떻게 전법의 가사를 받고 조사가 되었습니까?

---

166) 경서를 알지 못했다고 하는 것은 경전을 읽지 않았다는 것을 말한다. 그것은 그가 글자를 몰랐다. 즉 문맹이었기 때문이다. 그것은 『육조단경』에 두 번 기재되어 있다. 당대의 선가에서도 널리 믿고 있었던 것 같다. 『古尊宿語錄』권12 :「南泉語要」只如五祖會下四百九十九人盡會佛法, 惟有盧行者一人不會佛法. 只會道.」(『속장경』권68, p.72, b8-10) 예를 들어 오조 회하에 499명의 사람들은 다 불법을 알았지만 오직 노행자 한 사람만 불법을 알지 못했다. 단지 도를 알았다.

秀上座[167] **是五百人首座, 爲敎授師,**
수상좌　　시오백인수좌　　위교수사

講得三十二本經論, 云何不傳衣.
강득삼십이본경론　　운하부전의

신수 상좌는 500명의 수좌로서
교수사가 되어
32부의 경론을 강의하였는데
어찌 가사를 전해 받지 못했습니까?

師云, 爲他有心, 是有爲法, 所修所證將爲是也.
사운　위타유심　　시유위법　　소수소증장위시야

所以五祖付六祖.
소이오조부육조

선사께서 이르시길
그는 마음이 있었기에
이 유위법으로
닦을 바 증득할 바가 옳다고 하였다.
그래서 오조홍인은 육조에게 법을 부촉한 것이다.

---

167) 오조홍인 문하의 대중 가운데 수좌로 있었던 신수(606~706)를 말한다. 북종선의 初祖(초조)이다.

六祖當時秖是默契, 得密授如來甚深意, 所以付法與他.
육조당시지시묵계　　득밀수여래심심의　　소이부법여타

육조는 당시에 단지 묵묵히 계합하였기에
여래의 깊고 깊은 뜻을 은밀히 전해 받을 수 있었다.
그래서 법이 그에게 부촉된 것이다.

汝不見道, 法本法無法, 無法法亦法,
여불견도　　법본법무법　　무법법역법

今付無法時, 法法何曾法.[168]
금부무법시　　법법하증법

그대는 법은 본래 법 없음이 법이고
법 없음의 법 또한 법이며
지금 법 없음을 부촉할 때
법과 법이 어찌 일찍이 법이었던가 라고
말하는 것을 보지 못했는가?

---

168) 『景德傳燈錄』권1 : 「法本法無法, 無法法亦法, 今付無法時, 法法何曾法.」(『대정장』권51, p.205, c1-2) 석가모니께서 가섭 존자에게 법을 전할 때의 전법게이다.

若會此意, 方名出家兒, 方好修行.
약회차의　방명출가아　방호수행

만약 이 의미를 알면
바야흐로 출가자라 하니
바야흐로 수행하여도 좋다.

若不信, 云何明上座[169] 走來大庾嶺頭尋六祖.
약불신　운하명상좌　주래대유령두심육조

만약 믿지 않는다면
어찌 도명 상좌가
대유령 정상까지 쫓아와서 육조를 찾았겠는가?

六祖便問, 汝來求何事, 爲求衣, 爲求法.
육조변문　여래구하사　위구의　위구법

육조가 곧바로 묻길
그대는 무엇을 구하기 위해 여기에 왔는가?
가사를 구하기 위함인가?
법을 구하기 위함인가?

---

169) 오조로부터 몰래 법을 전해 받은 육조 혜능은 그의 지시에 따라 남방으로 도피한다. 나중에 그것을 알고 전법의를 탈취하기 위하여 추종한 자들 가운데 도명만이 대유령까지 가서 육조를 뒤따라 잡았다고 하는 이야기이다. 이것은 돈황사본의 『육조단경』에는 없지만 뒤의 홍성사본 이후의 판본에는 기재되어 있다.

明上座云, 不爲衣來, 但爲法來.
명상좌운　불위의래　단위법래

도명 상좌가 이르길, 가사를 구함이 아니고
다만 법을 위하여 왔습니다.

六祖云, 汝且暫時斂念, 善惡都莫思量.[170]
육조운　여차잠시렴념　선악도막사량

육조가 이르시길
그대는 우선 잠시 생각을 거두고
선악을 모두 생각하지 말라.

---

170) 『曹溪大師別傳』권1 : 「大師告薛簡曰, 若欲將心要者, 一切善惡都無思量. 心體湛寂, 應用自在.」(『속장경』권86, p.52, a12-13) 대사가 설간에게 고하길, 만약 심요를 가지고자 한다면 일체의 선악을 모두 사량하지 말라. 심체는 담적하지만 응하여 작용함에 자유롭다.
『頓悟入道要門論』권1 : 「但知心莫思量一切物. 一切善惡都莫思量.」(『속장경』권63, p.19, c13-14) 일체의 만물을 사량하지 말라. 일체의 선악을 모두 사량하지 말라.
위의 내용을 실천하는 것으로는 다음과 같은 내용이 있다.
『禪源諸詮集都序』권1 : 「念起即覺, 覺之即無, 修行妙門唯在此也.」(『대정장』권48, p.403, a5-6) 망념이 일어나면 곧바로 망념이 일어난 사실을 깨달아라. 깨달으면 망념은 없다. 수행의 요긴한 문은 오직 이것이다.
『緇門警訓』권1 : 「一切善惡都莫思量, 念起即覺, 覺之即失, 久久忘緣自成一片, 此坐禪之要術也.」(『대정장』권48, p.1047, b28-c1) 일체 선악을 모두 사량하지 말라. 망념이 일어나면 곧바로 망념이 일어난 사실을 깨달아라. 그러면 망념은 사라진다. 이와 같이 오래도록 하여 망념이 없어지면 저절로 만법과 하나가 되는 것이다. 이것이 좌선의 요술이다.
『敕修百丈清規』권5 : 「坐禪義」一切善惡都莫思量, 念起即覺, 常覺不昧不昏不散, 萬年一念非斷非常, 此坐禪之要術也.」(『대정장』권48, p.1143, a12-14) 일체의 선악을 전부 사량하지 말라. 망념이 일어나면 곧바로 망념이 일어난 사실을 깨달아라. 그러면 항상 깨어 있어서 어둡지도 혼미하지도 산란하지도 않을 것이다. 이와 같이 일념이 지속되어 단절되지도 고정되지도 않게 하는 것이 좌선의 요술이다.

明乃稟語.
명내품어

도명 상좌는 분부를 받았다.

六祖云, 不思善, 不思惡, 正當與麼時,
육조운 불사선 불사악 정당여마시
還我明上座父母未生時面目來.[171)]
환아명상좌부모미생시면목래

육조가 이르시길
선도 생각하지 말고
악도 생각하지 말라.
바로 그러할 때
나의 도명 상좌가 부모에게 태어나기 이전
자신의 얼굴을 되돌아보라.

明於言下忽然默契.
명어언하홀연묵계

도명 상좌가 말끝에 홀연히 깨달았다.

---

171) 아버지와 어머니라는 차별 분별이 생기기 전의 본래 모습을 표현한 말로, 선에서는 차별 분별하기 전에 나의 본래의 모습에 대한 것으로 많이 사용되고 있다.

便禮拜云, 如人飮水, 冷煖自知,[172] 某甲在五祖會中,
변례배운　여인음수　냉난자지　　모갑재오조회중

枉用三十年工夫, 今日方省前非.
왕용삼십년공부　금일방성전비

곧바로 예배하고 이르길
마치 사람이 물을 마시는 것과 같이
차고 따뜻함을 스스로 아는 것과 같습니다.
제가 오조 회중에
부질없이 30년 동안 공부해 왔습니다.
오늘 비로소 지난날 그릇됨을 깨달았습니다.

六祖云, 如是.
육조운　여시

육조가 이르시길
그렇다.

---

172) 이 구는 선의 체험을 말하고자 할 때 반드시 인용되는 문구이다. 선이란 지식적으로나 논리적으로 이해하는 철학이 아니다. 선은 체험이고 생활이다. 그러므로 그 體悟(체오)의 세계는 오직 체험한 그 자신만이 알 수 있는 것이며, 체험하지 못한 사람은 지식적으로 알고 있을 뿐이다. 물이 차다는 것은 객관적인 사실이다. 그러나 그 찬물이 어느 정도 구체적으로 찬지는 그 물을 마셔봐야만 알 수 있는 것이다.

到此之時, 方知祖師西來, 直指人心,
도차지시　방지조사서래　직지인심

見性成佛,[173] 不在言說.
견성성불　　　부재언설

이러한 때에 이르러야
비로소 조사가 서쪽에서 오시어
사람의 마음을 바로 가리켜
성품을 보고 부처를 이루게 하신 것이
언설에 있지 않음을 알 것이다.

豈不見, 阿難問迦葉云,[174] 世尊傳金欄外, 別傳何法.
기불견　아난문가섭운　　　세존전금란외　별전하법

어찌 다음과 같은 말을 보지 못했는가?
아난이 가섭에게 묻길
세존께서 금란가사를 전하신 것 외에
달리 어떤 법을 전했습니까?

---

173) 敎外別傳(교외별전), 以心傳心(이심전심), 不立文字(불립문자)와 더불어 선가에서 상투적으로 애용되는 문구이다. 견성성불이란 말의 최초는 다음과 같다.『大般涅槃經集解』권33 '聖行品19' :「僧亮曰, 見性成佛, 卽性爲佛也.」『대정장』권37, p490, c26) 승량이 말하길, 성품을 보아 부처를 이루는 것은 성품이 곧 부처이기 때문이다.

174)『무문관』22칙에 '가섭찰간'이라는 공안으로 게재되어 있다. 刹竿(찰간)은 금동의 寶珠(보주)를 꼭대기에 설치한 긴 장대로 절 앞에 세워서 범찰을 표방한 것이라고 한다. 인도에서는 논쟁을 전개할 때 쌍방의 논자가 幡竿(번간)을 세우고 한 쪽이 질 때는 그 장대를 꺾어 넘어뜨린다. '찰간이라는 것은 그 번간인 것이다.'고 한다.

迦葉召阿難, 阿難應諾.
가섭소아난　아난응낙

가섭이 아난을 부르자
아난이 예! 하고 대답했다.

迦葉云, 倒却門前刹竿著, 此便是祖師之標榜也.
가섭운　도각문전찰간착　차변시조사지표방야

가섭이 이르길
문 앞의 찰간을 넘어뜨려 버려라.
이 찰간은 곧 조사를 표방하기 위함이다.

問, 甚生阿難三十年爲侍者, 祇爲多聞智慧被佛訶.[175]
문　심생아난삼십년위시자　지위다문지혜피불가

여쭈길
어떠한 이유로 아난은 30년 동안 시자를 하면서
단지 다문 지혜로 부처님께 꾸지람을 받았습니까?

---

175) 『大佛頂如來密因修證了義諸菩薩萬行首楞嚴經』권1 :「世間一切諸修學人, 現前雖成九次第定, 不得漏盡成阿羅漢, 皆由執此生死妄想誤爲眞實. 是故汝今雖得多聞不成聖果.」(『대정장』권19, p.109, a16-19) 세간의 일체 모든 수행자들이 비록 구차제정을 이루어 눈앞에 나타나더라도 번뇌가 다하여 아라한과를 얻지 못하는 것은 모두 이 생사의 망상에 그릇되게 집착하여 진실로 삼기 때문이다. 그러므로 그대가 지금 비록 많이 들었으나 깨달음을 이루지 못하는 것이다.

云, 汝千日學慧, 不如一日學道.
운   여천일학혜   불여일일학도

若不學道, 滴水難消.[176)]
약불학도   적수난소

선사께서 이르시길
그대가 천 일 동안 지혜를 배우는 것보다
하루라도 도를 배우는 게 낫다.
만약 도를 배우지 않으면
한 방울의 물도 소화하기 힘들다.

---

176) 『鎭州臨濟慧照禪師語錄』권1 : 「山僧說處皆是一期藥病相治, 總無實法. 若如是見得, 是眞出家, 日消萬兩黃金.」(『대정장』권47, p.498, b18-20) 산승이 설하는 곳 모두 그때의 약으로 병을 치료하는 것이어서 모두 진실한 법은 없다. 만약 이와 같이 견해를 체득하면 진정한 출가여서 하루에 황금 만 냥을 소비하는 것이다.
『景德傳燈錄』권7 : 「歸宗智常章」師云, 作遮箇話話, 滴水也銷不得.」(『대정장』권51, p.256, a11-12) 스님께서 이르길, 그러한 것을 말해서는 한 방울의 물조차도 소비하지 못한다.
『禪家龜鑑』 今生未明心, 滴水也難消(『속장경』권 63.p742. c10) 금생에 마음을 밝히지 못하면 한 방울의 물도 소화하기 어렵다. 그리고 『자경문』에도 그대로 나와 있다.

자재인
自在人

問, 如何得不落階級.[177]
문 여하득불락계급

배휴가 여쭈길, 어떻게 하면 계급에 떨어지지 않습니까?

師云, 但終日喫飯未曾咬著一粒米.[178]
사운 단종일끽반미증교착일립미

선사께서 이르시길
다만 하루 종일 밥을 먹어도 아직 일찍이 한 알의 쌀도 씹지 않았다.

---

177) 보살의 수행 단계를 아래로부터 위로 十信(십신), 十住(십주), 十行(십행), 十回向(십회향), 十地(십지), 등각, 묘각이라는 52단계로 나눈다. 떨어지지 않는다는 것은 범주나 圖式(도식)에 들어가지 않는다는 것을 말한다. 그러한 공식으로부터 자유로운 것. 여기서는 점수점오의 계급적 방식이 아니라 단번에 여래의 자리에 도달하는 방법을 찾고 있는 것으로 이해할 수 있다.
『景德傳燈錄』권5 :「青原行思章」問曰, 當何所務即不落階級. 祖曰, 汝曾作什麼.(『대정장』권51, p.240, a19-20) 물어 말하길, 마땅히 어떻게 힘써야 계급에 떨어지지 않습니까? 조사께서 말하길, 그대는 일찍이 어떻게 하였는가?

178) 『景德傳燈錄』권14 :「藥山惟儼章」二時上堂不得嚼破一粒米.」(『대정장』권51, p.312, a3) 하루에 두 번 식당으로 가서 공양을 할 때 한 알의 쌀도 씹어서는 안 된다.

終日行, 未曾踏著一片地.
종일행   미증답착일편지

하루 종일 걸어도 아직 일찍이 한 조각의 땅도 밟지 않았다.

與摩時, 無人我等相, 終日不離一切事,
여마시   무인아등상   종일불리일체사
不被諸境惑, 方名自在人.
불피제경혹   방명자재인

이러할 때 인상, 아상 등의 상이 없는 것이고
하루 종일 일체의 모든 일을 여의지 않아도
모든 경계에 매혹되지 않아야, 비로소 자재인이라 한다.

念念不見一切相, 莫認前後三際.
념념불견일체상   막인전후삼제

한 생각 한 생각마다 일체의 모든 모양을 보지 않고
과거와 현재와 미래도 인정하지 말라.

前際無去, 今際無住, 後際無來.
전제무거   금제무주   후제무래

과거는 간 적이 없고, 현재는 머무른 적이 없으며
미래는 오지 않았다.

安然端坐, 任運不拘, 方名解脫.
안연단좌   임운불구   방명해탈

편안하게 단정히 앉아, 시절 인연에 구속되지 않아야
비로소 해탈이라 한다.

努力努力.
노력노력

노력하고 또 노력하라.

此門中千人萬人, 只得三箇五箇.
차문중천인만인   지득삼개오개

우리 선문의 종도가 무수히 있어도
단지 도를 체득한 사람은 3, 5인 뿐이다.

若不將爲事, 受殃有日在.
약부장위사   수앙유일재

만약 장차 일이 아니라고 한다면 재앙을 받을 날이 있을 것이다.

故云, 著力今生須了却, 誰能累劫受餘殃.
고운   착력금생수료각   수능루겁수여앙

그렇기 때문에 이르시길, 힘써 금생에 반드시 깨달아라.
그러면 누가 영겁의 재앙을 받겠는가?

即心是佛
즉심시불

若離於心　別更無佛
약리어심　별갱무불

곧 마음이 부처이다.
만약 마음을 여의면 달리 다시 부처는 없다.

완릉록
宛陵錄

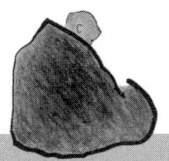

도는
마음을 깨닫는 것이다

裵相公問師曰, 山中四五百人, 幾人得和尙法.
배상공문사왈   산중사오백인   기인득화상법

배상공이 황벽 선사께 여쭈어 말하길
산중에는 4, 5백 명 수행자가 있는데
몇 사람이 화상의 법을 체득했습니까?

師云, 得者莫測其數.
사운   득자막측기수

선사께서 이르시길
법을 체득한 사람은 그 수를 헤아릴 수 없다.

何故, 道在心悟,[179] 豈在言說, 言說只是化童蒙耳.
하고   도재심오   기재언설   언설지시화동몽이

왜냐하면
도는 마음으로 깨닫는데 있지
어찌 언설에 있겠는가?
언설은 단지 어린아이를 달래는 것일 뿐이다.

---

179) 『景德傳燈錄』권5 :「慧能章」師曰, 道由心悟, 豈在坐也.」(『대정장』권51, p.236, a2-3) 스님께서 말씀하시길, 도는 마음을 깨달음에 연유하지 어찌 앉은 자리에 있겠는가?

자기의
마음을 알아라

問, 如何是佛.
문　여하시불

배휴가 여쭈길
무엇이 부처입니까?

師云, 即心是佛, 無心是道.[180]
사운　즉심시불　무심시도

선사께서 이르시길
마음이 부처이고
무심이 도이다.

---

180) 『景德傳燈錄』권5 : 「司空本淨章」師曰, 若欲求佛即心是佛, 若欲會道無心是道. 曰云何即心是佛. 師曰, 佛因心悟心以佛彰, 若悟無心佛亦不有. 曰云何無心是道. 師曰, 道本無心無心名道, 若了無心無心即道.」(『대정장』권51, p.242, b27-c2) 선사께서 말씀하시길, 만약 부처를 구하고자 하면 마음이 곧 부처이다. 만약 도를 알고자 하면 무심이 도이다. 말씀하시길, 어떻게 마음이 부처입니까? 선사께서 말씀하시길, 부처는 마음을 깨닫는 것을 인연하고 마음으로써 부처를 나타낸다. 만약 무심을 깨달으면 부처 또한 없다. 말씀하시길, 어떻게 무심이 도입니까? 선사께서 말씀하시길, 도는 본래 무심하고 무심을 도라 한다. 만약 무심을 깨달으면 무심이 도이다.

但無生心¹⁸¹⁾動念, 有無長短, 彼我能所等心.
단무생심   동념   유무장단   피아능소등심

다만 마음을 내어 생각을 움직이거나
있고 없고, 길고 짧고
너와 나와 주관과 객관 등의 마음이 없어야 한다.

心本是佛, 佛本是心, 心如虛空.¹⁸²⁾
심본시불   불본시심   심여허공

마음이 본래 부처이고
부처가 본래 마음이다.
마음은 허공과 같다.

---

181) 『金剛三昧經』권1 「本覺利品4」: 「尊者大覺尊, 說生無念法, 無念無生心, 心常生不滅.」(『대정장』권9, p.369,a23-25) 거룩하시고 크게 깨달으신 부처님께서 중생들에게 망념이 없는 진리의 법을 설하셨네. 망념이 없고 생멸이 없는 마음과 마음이 항상 생하되 없어지지 않네.

182) 『景德傳燈錄』권1: 「제7조婆須蜜」心同虛空界, 示等虛空法, 證得虛空時, 無是無非法」(『대정장』권51, p.208, b21-22) 마음은 허공계와 같아서 허공과 같은 법을 보이네. 허공을 증득할 때 옳은 법도 그른 법도 없다네.
『大乘入楞伽經』권6 「偈頌品10」: 「心性本清淨, 猶若淨虛空, 令心還取心, 由習非異因.」(『대정장』권16, p.626, c18-19) 마음의 성품은 본래 청정하여 마치 깨끗한 허공과 같아서, 마음으로 하여금 도리어 마음을 취하면 익힘으로 말미암아 다른 인연이 아니다.
『達磨大師悟性論』권1: 「知心是空, 名爲見佛.」(『속장경』권63, p.5, c23) 마음이 허공인 것을 아는 것이 부처를 친견하는 것이라 한다.

所以云, 佛眞法身猶若虛空.
소이운   불진법신유약허공

그래서 이르시길
부처의 참된 법신은 마치 허공과 같다고 했다.

不用別求, 有求皆苦.[183]
불용별구   유구개고

달리 구할 필요가 없다.
구하는 게 있으면 모두 괴로움이다.

設使恒沙劫行六度萬行得佛菩提, 亦非究竟.
설사항사겁행육도만행득불보리   역비구경

설사 갠지스 강의 모래알만큼 긴 세월 동안
육도만행을 실천하여
부처의 깨달음을 체득했다고 하더라도
또한 구경이 아니다.

---

183) 『少室六門』권1 :「二種入」經云, 有求皆苦, 無求乃樂.」(『대정장』권48, p.370, a13-14) 경에 이르길, 구하는 것이 있으면 모두 괴롭고, 구하는 것이 없으면 즐겁다.
『宗鏡錄』권45 :「故經云, 有心皆苦, 無心乃樂.」(『대정장』권48, p.681, a14-15) 고로 경에 이르길, 마음이 있으면 모두 괴롭고, 마음이 없으면 즐겁다.

何以故, 爲屬因緣造作故.
하이고 위속인연조작고

왜냐하면
인연에 붙어서 조작한 까닭이다.

因緣若盡, 還歸無常.
인연약진 환귀무상

만약 인연이 다하면
무상으로 돌아가기 때문이다.

所以云, 報化非眞佛, 亦非說法者.
소이운 보화비진불 역비설법자

그렇기 때문에
보신과 화신도 참된 부처가 아니고
또한 법을 설한 것은 아니라고 한 것이다.

但識自心, 無我無人, 本來是佛.
단식자심 무아무인 본래시불

다만 자기의 마음을 자각해서
아상과 인상이 없으면
이것이 본래 부처이다.

마음을 쉬고
알음알이를 잊어라

問, 聖人無心卽是佛, 凡夫無心莫沈空寂否.
문　성인무심즉시불　범부무심막침공적부

배휴가 여쭈길
성인의 무심은 곧 부처이고
범부의 무심은 공적에 빠져들어가는 것이 아닙니까?

師云, 法無凡聖, 亦無沈寂.
사운　법무범성　역무침적

선사께서 이르시길
법에는 범부와 성인이 없고
또한 공적에 빠지는 것도 없다.

法本不有，莫作無見.[184)]
법본불유　막작무견

법은 본래 있는 것이 아니지만
없다는 견해를 짓지 마라.

法本不無，莫作有見.
법본불무　막작유견

법은 본래 없는 것도 아니지만
있다는 견해를 짓지 마라.

有之與無，盡是情見，猶如幻翳.
유지여무　진시정견　유여환예

있음과 없음은
모두 관념적인 것이
마치 허깨비나 그림자와 같다.

---

184) 『維摩詰所說經』권2 「入不二法門品9」:「法本不生, 今則無滅, 得此無生法忍, 是爲入不二法門.」(『대정장』권14, p.550, c2-4) 법은 본래 생하지 않고 지금도 멸함이 없어야 이 무생법인을 체득하고 불이법문에 들어간다.

所以云, 見聞如幻翳,[185] 知覺乃衆生.
소이운　견문여환예　　지각내중생

그러므로 이르시길
보고 듣는 것은 허깨비나 그림자와 같고
깨달아 아는 것은 곧 중생이다.

祖師門中, 只論息機忘見.
조사문중　지론식기망견

조사 문중에는
단지 거짓을 쉬고 견해를 잊는 것을 말한다.

所以忘機則佛道隆, 分別則魔軍熾.
소이망기즉불도륭　분별즉마군치

그러므로 거짓을 잊어버리면 곧 불도는 융성하고
분별한다면 마군이 성한다.

---

185)『大佛頂如來密因修證了義諸菩薩萬行首楞嚴經』권6 :「見聞如幻翳, 三界若空花, 聞復翳根除, 塵銷覺圓淨.」(『대정장』권19, p.131, a21-23) 보고 듣는 것은 허깨비와 그림자와 같고, 삼계는 실재하지 않는 허공의 꽃과 같나니 들음이 회복하면 가려진 감각기관이 제거되고 티끌이 없어지면 깨달음은 두렷이 청정하다.

마음과 불성은
다르지 않다

問, 心既本來是佛, 還修六度萬行否.
문 심기본래시불   환수육도만행부

배휴가 여쭤길
마음이 이미 본래 부처라고 하셨는데
도리어 육도만행을 닦아야 합니까?

師云, 悟在於心, 非關六度萬行.
사운   오재어심   비관육도만행

선사께서 이르시길
깨달음은 마음에 있지 육도만행과는 관계가 없다.

六度萬行, 盡是化門, 接物度生邊事.
육도만행   진시화문   접물도생변사

육도만행은 모두 교화문으로
사물에 접하여 중생을 제도하는 쪽의 일이다.

設使菩提[186]眞如,[187] 實際解脫法身,
설사보리　　진여　　　실제해탈법신

直至十地四果聖位, 盡是度門, 非關佛心.[188]
직지십지사과성위　　진시도문　　비관불심

설사 보리와 진여
실제와 해탈, 법신
곧바로 십지, 사과 성위에 곧바로 이르더라도
모두 방편문이기에
부처의 마음과 관계가 없다.

---

186) 菩提(보리)는 구역에서는 道(도), 신역에서는 覺(각)이라 번역했다. 『肇論』권1 : 「位體第三」經曰 : 「菩提之道, 不可圖度, 高而無上, 廣不可極 ; 淵而無下, 深不可測 ; 大包天地, 細入無間., 故謂之道.」(『대정장』권45, p.158, c7-9) 경전에서 말하길, 보리의 길은 헤아릴 수 없다. 높이가 위가 없으며, 넓기가 다함이 없으며, 근원이 끝이 없으며, 깊이를 측량할 수 없으며, 크기는 천지를 감싸고 가늘기는 사이가 없어도 들어간다. 그러므로 도라 한다.
『如來莊嚴智慧光明入一切佛境界經』권2 : 「文殊師利 ! 覺一切法空者名爲菩提. 菩提者, 名覺一切法空, 空者卽是菩提. ~菩提者, 名爲平等 ; 平等者, 名爲眞如 ; 眞如者, 名爲不異 ; 不異者, 名爲如實住一切有爲, 無爲法.」(『대정장』권12, p.244, b27-c15) 문수사리여! 일체의 존재가 공한 사실을 깨닫는 것을 보리라 한다. 보리라는 것은 일체의 존재가 공이라는 것을 깨닫는 것이며 공이라는 것은 곧 보리이다.~보리란? 평등함을 말한다. 평등이란 진여를 말한다. 진여는 다름이 아님을 말한다. 불이는 여실하게 일체 유위법과 무위법에 머무는 것을 말한다.

187) 眞如(진여)는 있는 그대로의 상태. 『大乘起信論』권1 : 「眞如自體相者, 一切凡夫, 聲聞, 緣覺, 菩薩, 諸佛, 無有增減, 非前際生, 非後際滅. 畢竟常恒, 從本已來, 性自滿足一切功德.」(『대정장』권32, p.579, a12-14) 있는 그대로인 상태 그 자체의 모습은 모든 범부, 성문, 연각, 보살, 제불은 늘지도 줄지도 않으며, 먼저 생겨난 것도 아니고 나중에 사라지는 것도 아니다. 궁극적으로 항상하며 본래부터 성품은 스스로 일체 모든 공덕을 갖추고 있다.

188) 『大乘止觀法門』권4 : 「佛心者大慈悲是也.」(『대정장』권46, p.662, b25-26) 불심은 대자대비이다.

心即是佛, 所以一切諸度門中, 佛心第一.
심즉시불   소이일체제도문중   불심제일

마음이 곧 부처이다.
그래서 일체 모든 교화 방편문에서
부처의 마음이 첫째이다.

但無生死煩惱等心, 即不用菩提等法.
단무생사번뇌등심   즉불용보리등법

다만 생사와 번뇌의 마음이 없으면
보리 등의 법은 필요하지 않는다.

所以道, 佛說一切法, 度我一切心,
소이도   불설일체법   도아일체심

我無一切心, 何用一切法.
아무일체심   하용일체법

그래서 말씀하시길
부처님께서 일체의 법을 설하는 것은
나의 일체의 마음을 제도하기 위함인데
나에겐 일체의 마음이 없는데
어찌 일체의 법을 사용하겠는가?

從佛至祖, 並不論別事, 唯論一心, 亦云一乘.[189]
종불지조　병불론별사　유론일심　역운일승

부처님으로부터 조사에 이르기까지
모두 다른 일을 말하지 않았고
오직 일심만 설했을 뿐이며
또한 일승만 말씀하셨다.

所以十方諦求, 更無餘乘.
소이시방체구　갱무여승

그래서 온 세계를 자세히 탐구해 보아도
다시 일승 외에는 다른 승이 없다.

此眾無枝葉,[190] 唯有諸貞實, 所以此意難信.
차중무지엽　유유제정실　소이차의난신

이 대중에는 쓸데없는 사람들은 없고
오직 모두 바르고 독실한 사람만 있다.
그래서 이 뜻은 믿기 어렵다.

---

189) 『大乘開心顯性頓悟眞宗論』권1 : 「問曰, 何者是一乘. 答曰, 心是一乘. 問曰, 心云何知是一乘. 答曰, 可見心空無所有, 卽是一乘」(『대정장』권85, p.1279, c1-3) 물어 말하길, 어떤 것이 일승입니까? 대답하길, 마음이 일승이다. 물어 말하길, 마음이 어떻게 일승임을 알 수 있습니까? 대답하길, 마음이 공적하여 있는 바가 없음을 볼 수 있어야 일승이다.

190) 『妙法蓮華經』권1 「方便品2」: 「此眾無枝葉, 唯有諸貞實」(『대정장』권9, p.7, c18)

達摩來此土, 至梁魏二國, 祇有可大師[191]一人,
달마래차토　　지량위이국　　지유가대사　　일인

密信自心, 言下便會, 卽心是佛.
밀신자심　　언하변회　　즉심시불

달마 대사가 이 땅에 와서
양나라와 위나라 두 나라에 이르렀지만
단지 혜가 대사 한 사람만이
자기의 마음을 은밀하게 믿어
말끝에 곧 마음이 부처임을 곧바로 깨달았다.

身心俱無, 是名大道.
신심구무　　시명대도

몸과 마음이 다 없는 것을
대도라 이름 한다.

---

191) 可大師(가대사)는 선종의 제2조인 혜가 대사를 말한다.

大道本來平等, 所以深信含生同一眞性,[192] 心性不異,[193]
대도본래평등　소이심신함생동일진성　　심성불이

即性卽心, 心不異性, 名之爲祖.[194]
즉성즉심　심불이성　명지위조

큰 도는 본래 평등하여
그래서 모든 살아있는 것들은 하나의 참 성품은 같고
마음과 성품은 다르지 않고, 성품이 곧 마음이고
마음과 성품은 다르지 않음을 깊이 믿어야 조사라 한다.

---

192) 『楞伽師資記』권1 :「深信含生, 凡聖同一眞性.」(『대정장』권85, p.1285, a12-13) 모든 중생들과 범부와 성인이 하나의 참 성품임을 깊이 믿어야 한다.
『少室六門』권1 :「第三門二種入 夫入道多途, 要而言之, 不出二種. 一是理入, 二是行. 理入者, 謂藉敎悟宗. 深信含生同一眞性, 俱爲客塵妄想所覆, 不能顯了.」(『대정장』권48, p.369, c20-22) 대저 도에 드는 길은 많으나 요약한다면 두 가지에서 벗어나지 않는다. 첫째는 이입이요, 둘째는 행입이다. 이입은 가르침에 의해 종지를 깨닫는 것을 말한다. 중생이 동일한 진성을 깊이 믿으나 다만 객진번뇌와 망상에 덮인 바가 되어서 드러나지 못하는 경우이다.

193) 부처에 대해서 선가에서의 변천은 다음과 같다. 性(성) → 심(心) → 사람(無位眞人, 無依道人) 『大般涅槃經集解』권33 聖行品19 :「僧亮曰, 見性成佛, 卽性爲佛也.」(『대정장』권37, p.490, c26) 승량이 말하길, 성품을 보아 부처를 이루는데 곧 성품이 부처이다.
『馬祖道一禪師廣錄(四家語錄卷一)』권1 :「大梅山法常禪師, 初參祖, 問, 如何是佛. 祖云, 卽心是佛.」(『속장경』권69, p.4, a19-20) 대매산 법상 선사가 처음 마조 스님을 참배하고 묻길, 무엇이 부처입니까? 마조 스님이 이르길, 곧 마음이 부처이다.
『鎭州臨濟慧照禪師語錄』권1 :「上堂云 :「赤肉團上有一無位眞人, 常從汝等諸人面門出入, 未證據者看看.」(『대정장』권47, p.496, c10-11) 상당하여 이르길, 벌거벗은 신체에 하나의 지위 없는 참사람이 있어서 항상 그대들의 얼굴에 출입하고 있다. 아직 이것을 증득하지 못한 사람은 잘 살펴보도록 하라.
『鎭州臨濟慧照禪師語錄』권1 :「爾欲得識祖佛麼? 祇爾面前聽法底.」(『대정장』권47, p.497, b8-9) 그대는 조불을 알고자 하는가? 단지 그 눈앞에서 법문을 듣고 있을 뿐이다.
『鎭州臨濟慧照禪師語錄』권1 :「唯有聽法無依道人, 是諸佛之母, 所以佛從無依生.」(『대정장』권47, p.498, c2-3) 오직 내 앞에서 법문을 듣고 있는 무의도인이 제불의 모체이다. 그래서 부처는 의존함이 없는 곳에서 출생한다.

所以云, 認得心性時, 可說不思議.[195]
소이운　인득심성시　가설부사의

그래서 이르시길
마음의 성품을 깨달았을 때
불가사의하다고 말해도 좋다고 하였다.

---

194) 여기의 祖(조)라는 말은 특히 주목해야만 하는 이념 용어이다. 임제에 의해 活祖(활조), 祖佛(조불)이라고 하는 더욱 생생한 내용을 가지고 있다. 조사나 부처를 외재적으로 초월적인 절대자로서 조정하는 것이 아니라 이 현실 세계에 살고 있는 우리들 인간의 실천적 주체적인 인격 그 자체를 부처나 조사와 직접적으로 등치하는 것이며, 그 현실에 살고 있는 몸 그대로 본래 불로서 완전히 긍정하는 것이다.

195) 제23조 학륵나 존자의 전법게이다.『景德傳燈錄』권2 :「認得心性時, 可說不思議, 了了無可得, 得時不說知」(『대정장』권51, p.214, b27-28) 본성을 깨달아 증득한 때에는 가히 불가사의라 말하더라도 깨닫고 보면 얻을 것이 없으니 그때는 안다고 할 수도 없다네.

모양 있는 것은
허망하다

問, 佛度眾生否.
문 불도중생부

배휴가 여쭈길
부처님은 중생을 제도하십니까?

師云, 實無眾生如來度者.[196]
사운 실무중생여래도자

선사께서 이르시길
진실로 여래가 제도할 중생은 없다.

---

[196] 『金剛般若波羅蜜經』권1 : 「實無有眾生如來度者, 若有眾生如來度者, 如來則有我, 人, 眾生, 壽者.」(『대정장』권8, p.752, a7-8) 진실로 여래가 제도할 중생이 없는데 만약 여래가 제도할 중생이 있다면 여래는 곧 아상, 인상, 중생상, 수자상이 있는 것이다.

我尚不可得,[197] **非我何可得.**
아상불가득　　　비아하가득

佛與衆生, 皆不可得.
불여중생　개불가득

나도 오히려 제도할 수 없는데
내가 아닌데 어찌 제도할 수 있겠는가?
부처와 중생 모두 제도하지 못한다.

云, 現有三十二相, 及度衆生, 何得言無.
운　현유삼십이상　　급도중생　　하득언무

여쭈길
여래는 32상을 나타내고 있고
그리고 중생을 제도하는데
어찌 제도할 수 없다고 말씀하십니까?

---

197) 『維摩詰所說經』권2 「入不二法門品9」:「普守菩薩曰:「我, 無我爲二, 我尚不可得, 非我何可得? 見我實性者, 不復起二, 是爲入不二法門.」(『대정장』권14. p.551, a13-15) 보수 보살이 말하길, 아와 무아가 둘이지만, 아도 오히려 얻지 못하는데 아 아님을 어찌 얻을 수 있겠는가? 아의 진실한 성품을 보는 자는 다시 두 가지를 일으키지 않아서 불이법문에 들어가는 것이다.

師云, 凡所有相皆是虛妄, 若見諸相非相, 卽見如來.[198]
사운 범소유상개시허망 약견제상비상 즉견여래

선사께서 이르시길
무릇 모양 있는 것은 모두 허망하다.
만약 모든 모양이 모양이 아니라고 본다면
곧 여래를 친견할 것이다.

佛與眾生, 盡是汝作妄見.
불여중생 진시여작망견

부처와 중생은
모두 그대의 망령된 견해로 짓는 것이다.

只爲不識本心, 謾作見解.
지위불식본심 만작견해

단지 자기의 본래 마음을 알지 못하여
터무니없는 견해를 내는 것이다.

---

198) 『金剛般若波羅蜜經』권1 : 「第五 如理實見分」 佛告須菩提 : 「凡所有相, 皆是虛妄, 若見諸相非相, 則見如來.」(『대정장』권8, p.749, a23-25)

纔作佛見, 便被佛障.
재작불견　변피불장

부처라는 견해를 내자마자
곧바로 부처의 장애를 받게 된다.

作眾生見, 被眾生障.
작중생견　피중생장

중생의 견해를 지으면
중생의 장애를 받게 된다.

作凡作聖, 作淨作穢等見, 盡成其障.
작범작성　작정작예등견　진성기장

범부와 성인의 견해를 짓고
깨끗하다 더럽다 등의 견해를 지으면
모두 장애가 된다.

障汝心故, 總成輪轉.
장여심고　총성륜전

그대의 마음을 장애하는 까닭에
모두 윤회를 하게 된다.

猶如獼猴放一捉一, 無有歇期.
유여미후방일착일　무유헐기

마치 원숭이가 하나의 물건을 버리면
곧바로 다음 물건을 잡으며
손이 쉴 사이 없는 것과 같다.

一等是學,[199] 直須無學.
일등시학　　직수무학

일반적으로 배우는데
절대로 배우는 것이 없어야 한다.

無凡無聖, 無淨無垢, 無大無小, 無漏無爲.
무범무성　무정무구　무대무소　무루무위

범부도 없고 성인도 없으며
깨끗함과 더러움도 없으며
크고 작음도 없으며
번뇌가 새는 것도 없으며 배움도 없다.

---

199) 여기서는 선을 배우기보다는 쉽게 함부로 이견을 일으키지 말아야 한다는 의미이다.

如是一心中，方便勤莊嚴.²⁰⁰⁾
여시일심중　방편근장엄

이와 같이 한 마음에서
방편으로 부지런히 장엄한다.

聽汝學得三乘十二分敎,²⁰¹⁾ 一切見解總須捨却.
청여학득삼승십이분교　　　일체견해총수사각

그대가 삼승십이분교의 가르침을 배우더라도
일체 모든 견해를 모두 반드시 제거해야 한다.

---

200) 『梵網經』권2 :「不生亦不滅, 不常復不斷, 不一亦不異, 不來亦不去, 如是一心中, 方便勤莊嚴.」(『대정장』권24, p.1010, a6-9) 생하는 것도 아니고 또한 없어지는 것도 아니고, 항상하지 않고 다시 끊어지지 않으며 하나도 아니고 또한 다른 것도 아니고, 오지도 않으면 역시 가지도 않는데 이와 같이 한 마음에 방편을 부지런히 장엄하는 것이다.

201) 『梵網經』권2 :「菩薩所應作, 應當次第學.」(『대정장』권24, p.1010, a9) 보살이 해야 할 것을 순서에 따라 배우지 않으면 안 된다.

所以除去所有, 唯置一床, 寢疾而臥. [202]
소이제거소유　유치일상　침질이와

그래서 유마는 소유한 것을 치우고
오직 침상 하나만을 남겨 두고
병들어 누워 있었던 것이다.

祇是不起諸見, 無一法可得, 不被法障,
지시불기제견　무일법가득　불피법장

透脫三界凡聖境域, 始得名爲出世佛.
투탈삼계범성경역　시득명위출세불

단지 모든 견해를 내지 않고
하나의 법도 얻을 것이 없으며
법의 장애를 받지 않고
삼계나 범부와 성인의 경계를 벗어나야
비로소 출세간의 부처라 한다.

---

202) 『維摩詰所說經』권2 「文殊師利問疾品5」:「爾時長者維摩詰心念:「今文殊師利與大衆俱來!」 即以神力空其室內, 除去所有及諸侍者; 唯置一床, 以疾而臥.」(『대정장』권14, p.544, b9-11) 그때에 장자 유마힐이 마음으로 생각하기를, 지금 문수사리 보살이 대중과 함께 오고 있다. 신통력으로 그의 집안을 모두 비우고 온갖 소유물들과 여러 시자도 제거하고 오직 하나의 평상만 놓아 두고 병을 앓으며 누워 있었다.

所以云, 稽首如空無所依,[203] 出過外道.
소이운　계수여공무소의　　　출과외도

그래서 이르시길
머리 숙여 허공과 같이 의지할 바가 없어야
외도를 벗어날 수 있다고 했다.

心旣不異, 法亦不異.
심기불이　법역불이

마음이 이미 다르지 않는다면
법도 또한 다른 것이 아니다.

心旣無爲, 法亦無爲, 萬法盡由心變,
심기무위　법역무위　만법진유심변
所以我心空故諸法空, 千品萬類悉皆同.
소이아심공고제법공　천품만류실개동

마음이 이미 함이 없으며
법 또한 함이 없다.
만법은 모두 마음으로 말미암아 변현한 것이다.
그래서 나의 마음이 텅 빈 까닭으로 모든 법도 텅 빈 것이며
천차만별도 모두 다 같은 것이다.

---

203) 『維摩詰所說經』권1 「佛國品1」:「稽首如空無所依.」(『대정장』권14, p.538, a14)

盡十方空界, 同一心體.
진시방공계　동일심체

온 시방의 공한 세계는
같은 한 마음 본체이다.

心本不異, 法亦不異.
심본불이　법역불이

마음은 본래 다른 것이 아니고
법 또한 다른 것이 아니다.

秖爲汝見解不同, 所以差別.
지위여견해부동　소이차별

단지 그대의 견해가 같지 않기에
그래서 차별이 있다.

譬如諸天共寶器食,[204] **隨其福德, 飯色有異.**
비여제천공보기식　　수기복덕　반색유이

비유하자면, 모든 천상계에서 보배 그릇에 공양을 할 때
그 복덕에 따라 밥의 색깔이 다른 것과 같다.

---

[204] 『維摩詰所說經』권1 「佛國品1」: 「譬如諸天, 共寶器食, 隨其福德, 飯色有異.」 『대정장』권14, p.538, c27)

十方諸佛, 實無少法可得, 名爲阿耨菩提.[205)]
시방제불　실무소법가득　명위아뇩보리

시방의 제불은
진실로 작은 법도 얻을 수 없는 것을
아뇩다라삼먁삼보리라 한다.

秖是一心, 實無異相, 亦無光彩, 亦無勝負.
지시일심　실무이상　역무광채　역무승부

단지 이 한 마음이어서
진실로 다른 모습이 없으며
또한 광채가 없으며
또한 승부도 없다.

無勝故無佛相, 無負故無眾生相.
무승고무불상　무부고무중생상

우수함이 없는 까닭으로 부처의 모습도 없으며
열등함이 없기에 중생의 모습도 없다.

---

205) 『金剛般若波羅蜜經』권11 : 「如是, 如是! 須菩提! 我於阿耨多羅三藐三菩提乃至無有少法可得, 是名阿耨多羅三藐三菩提.」(『대정장』권8, p.751, c21-23) 이와 같고 이와 같다. 수보리야! 나의 아뇩다라삼먁삼보리는 어떤 작은 법도 얻을 것이 없기 때문에 이 이름이 아뇩다라삼먁삼보리이다.

云, 心既無相, 豈得全無三十二相八十種好化度眾生耶.
운　심기무상　기득전무삼십이상팔십종호화도중생야

여쭈길
마음이 이미 모양이 없는데
어찌 32상과 80종호로 중생을 제도하는데 전혀 없다고 하십니까?

師云, 三十二相屬相, 凡所有相皆是虛妄.[206]
사운　삼십이상속상　범소유상개시허망

선사께서 이르시길
32상은 모양에 속하는데
무릇 모양이 있는 것은 모두 허망한 것이다.

八十種好屬色, 若以色見我, 是人行邪道, 不能見如來.[207]
팔십종호속색　약이색견아　시인행사도　불능견여래

80종호는 색에 속하는데
만약 색으로 나를 보려고 하면
사도를 행하는 사람이어서
여래를 친견할 수 없는 것이다.

---

206) 『金剛般若波羅蜜經』권11:「佛告須菩提:「凡所有相, 皆是虛妄, 若見諸相非相, 則見如來.」」(『대정장』권8, p.749, a23-25)

207) 『金剛般若波羅蜜經』권11:「若以色見我, 以音聲求我, 是人行邪道, 不能見如來.」(『대정장』권8, p.752, a17-18)

부처와 중생의
마음은 하나다

問, 佛性與眾生性,[208] **爲同爲別.**
문   불성여중생성   위동위별

배휴가 여쭈길, 부처의 성품과 중생의 성품이 같습니까? 다릅니까?

師云, 性無同異, 若約三乘敎, 即說有佛性有眾生性,
사운   성무동이   약약삼승교   즉설유불성유중생성

遂有三乘因果, 即有同異.
수유삼승인과   즉유동이

선사께서 이르시길, 성품은 같고 다름이 없지만
만약 삼승의 가르침으로 보면 불성이 있고
중생성이 있다고 설하기 때문에 성문, 연각, 보살
세 가지의 인과에 따르기에 같고 다름이 있는 것이다.

---

208) 『景德傳燈錄』권29 : 「誌公和尙十四科頌」眾生與佛無殊, 大智不異於愚, 何須向外求寶, 身田自有明珠.」(『대정장』권51, p.450, c20-21) 중생과 부처는 다름이 없으며 대지혜는 어리석음과 다르지 않네. 어찌 반드시 밖을 향해 보배를 구하는가? 자기의 몸 밭에 밝은 구슬이 있다네.

若約佛乘及祖師相傳, 即不說如是事, 唯有一心.
약약불승급조사상전　즉불설여시사　유유일심

만약 불승과 조사가 서로 전한 것으로는
이와 같은 일은 하지 않았고
오직 일심만 있다.

非同非異, 非因非果.
비동비이　비인비과

같음도 없고 다름도 없으며
원인도 없고 결과도 없다.

所以云, 唯此一乘道, 無二亦無三, 除佛方便說.[209]
소이운　유차일승도　무이역무삼　제불방편설

그래서 이르시길
오직 이 일승의 도이고
이승도 없고 또한 삼승도 없으니
부처의 방편으로써 설한 것은 제외한다.

---

209) 『妙法蓮華經』권1 「方便品2」:「一切諸世尊, 皆說一乘道, 今此諸大眾, 皆應除疑惑, 諸佛語無異, 唯一無二乘.」(『대정장』권9, p.8, b28-c2) 일체의 모든 세존들이 모두 일승도를 설하셨네. 지금 이 모든 큰 대중들이 모두 마땅히 의혹을 제거하니 제불의 말씀과 다름이 없으니 오직 일승뿐 이승은 없다네.

일체 모든
견해를 여의다

問, 無邊身菩薩,[210] 爲什麽不見如來頂相.
문　무변신보살　　　위십마불견여래정상

배휴가 여쭈길
무변신보살은
무엇 때문에 여래를 친견하지 못했습니까?

師云, 實無可見.
사운　실무가견

선사께서 이르시길
진실로 친견할 수 없다.

---

210) 『大般涅槃經』권1 「壽命品1」: 「爾時無邊身菩薩摩訶薩卽受佛敎, 從座而起, 稽首佛足, 右遶三匝, 與無量阿僧祇菩薩俱, 從彼國發, 來至此娑婆世界.」(『대정장』권12, p.370, c4-7) 그때에 무변신보살마하살이 부처님의 가르침을 받고 좌석에서 일어나 부처님 발에 머리 숙이고 오른쪽으로 세 번 돌았다. 한량없는 오랜 세월 동안 보살을 갖추고 저 국토에서 와서 이 사바세계에 이르렀다.

何以故, 無邊身菩薩便是如來, 不應更見.
하이고　무변신보살변시여래　불응갱견

왜냐하면 무변신보살은 곧 여래이기에
응당히 다시 친견하지 못한다.

秪教爾不作佛見, 不落佛邊.
지교이부작불견　불락불변

단지 그대가 부처라는 견해를 내지 않는다면
부처님 범주에 떨어지지 않는다.

不作眾生見, 不落眾生邊.
부작중생견　불락중생변

중생의 견해를 내지 않으면
중생의 범주에 떨어지지 않는다.

不作有見, 不落有邊, 不作無見, 不落無邊.
부작유견　불락유변　부작무견　불락무변

있다는 견해를 짓지 않으면
있다는 범주에 떨어지지 않으며
없다는 견해를 짓지 않으면
없다는 범주에 떨어지지 않는다.

不作凡見, 不落凡邊, 不作聖見, 不落聖邊.
부작범견　불락범변　부작성견　불락성변

범부의 견해를 짓지 않으면
범부의 범주에 떨어지지 않으며
성인의 견해를 짓지 않으면
성인의 범주에 떨어지지 않는다.

但無諸見, 即是無邊身.
단무제견　즉시무변신

다만 모든 견해가 없으면
곧 무변신보살이다.

若有見處, 即名外道, 外道者樂於諸見,[211]
약유견처　즉명외도　외도자락어제견

菩薩於諸見而不動.
보살어제견이부동

만약 견해를 짓는 곳이 있다면 외도라 한다.
외도는 모든 견해를 즐기지만
보살은 모든 견해에 움직이지 않는다.

---

211) 『維摩詰所說經』권2 「文殊師利問疾品5」: 「外道者樂諸見, 菩薩於諸見而不動.」『대정장』권14, p.544, c9-10) 외도는 모든 견해를 즐기고, 보살은 모든 견해에 움직이지 않는다.

如來者即諸法如義.²¹²⁾
여래자즉제법여의

여래는 모든 법 그대로이다.

所以云, 彌勒亦如也,²¹³⁾ 眾聖賢亦如也.
소이운   미륵역여야   중성현역여야

그래서 이르시길
미륵도 또한 있는 그대로이고
여러 성현들도 역시 있는 그대로이다.

如即無生, 如即無滅, 如即無見, 如即無聞.
여즉무생   여즉무멸   여즉무견   여즉무문

있는 그대로는 생함이 없으며
있는 그대로는 없어짐이 없으며
있는 그대로는 본다는 것도 없으며
있는 그대로는 듣는다는 것도 없다.

---

212) 『金剛般若波羅蜜經』권1 : 「如來者, 即諸法如義.」(『대정장』권8, p.751, a26-27) 여래는 곧 모든 법 그대로이다.

213) 『維摩詰所說經』권1 「菩薩品4」: 「一切人皆如也, 一切法亦如也, 眾聖賢亦如也, 至於彌勒亦如也.」(『대정장』권14, p.523, c25-27) 일체의 모든 사람도 모두 있는 그대로이고, 일체의 모든 법도 또한 그대로이고, 중생과 성현도 역시 그대로이고 미륵에 이르기까지 또한 그러하다.

如來頂卽是圓見,²¹⁴⁾ 亦無圓見, 故不落圓邊.
여래정즉시원견　　　역무원견　　고불락원변

여래의 정수리의 둥근 계주는 원만히 볼 수 있지만
또한 원만히 본다는 것도 없다.
그러므로 원만한 범주에 떨어지지 않는다.

所以佛身無爲, 不墮諸數.²¹⁵⁾
소이불신무위　　불타제수

그래서 부처의 몸은 함이 없어서
모든 윤회에 떨어지지 않는다.

權以虛空爲喩, 圓同太虛, 無欠無餘.²¹⁶⁾
권이허공위유　　원동태허　　무흠무여

방편으로써 허공으로써 비유하면
원만은 허공과 같아서 모자람도 남음도 없다.

---

214) 如來頂(여래정)이라는 것은 如來頂相(여래정상)의 줄인 말이 아니고 부처님의 고귀한 모습의 하나라고 생각되는 둥글게 부풀어 오른 頭頂(두정)의 肉髻(육계)를 말한다.

215) 『維摩詰所說經』권1 「弟子品3」:「佛身無漏, 諸漏已盡.；佛身無爲, 不墮諸數.」(『대정장』권14, p.542, a17-18) 부처의 몸은 번뇌가 없으며 모든 번뇌가 이미 다 했기에 부처의 몸은 함이 없으며 육도에 떨어지지 않는다.

216) 『信心銘』圓同太虛, 無欠無餘.(『대정장』권48, p.376, b24) 둥글기가 태허와 같아서 흠도 없고 남음도 없다.

等閑無事, 莫強辯他境, 辯著便成識.
등한무사　막강변타경　변착변성식

함부로 일없이 억지로 다른 경계를 말하지 말라.
말을 하면 곧바로 분석이 이루어진다.

所以云, 圓成沈識海, 流轉若飄蓬.[217]
소이운　원성침식해　류전약표봉

그래서 이르시길, 원만히 이룸은 분석의 바다에 빠져 표류하는
쑥과 같이 이리저리 떠돈다고 말했다.

秪道我知也, 學得也, 契悟也, 解脫也, 有道理也,
지도아지야　학득야　계오야　해탈야　유도리야

強處卽如意, 弱處卽不如意, 似者箇見解, 有什麽用處.
강처즉여의　약처즉불여의　사자개견해　유십마용처

단지 나는 알고 있다, 학문을 했다, 깨달음에 계합했다, 해탈했다
도리를 알고 있다고 말하지만, 처지가 좋으면 생각대로 되지만
처지가 나쁘면 생각대로 되지 않는다.
이러한 견해가 어떤 곳에서 작용하겠는가?

---

217) 『金剛經宗通』권2:「傅大士頌曰, 人空法亦空, 二相本來同, 徧計虛分別, 依他礙不通, 圓成沈識海, 流轉若飄蓬, 欲識無生處, 心外斷行蹤.」(『속장경』권25, p.8, b8-10) 부대사가 게송으로 말하길, 사람이 없으면 법 또한 없으며 이 두 상은 본래 한 가지인데 치우쳐 계교하여 허망하게 분별하니 거기에 의지하니 걸려서 통하지 못한다. 원만히 이룸은 분석의 바다에 빠져 표류하는 쑥과 같이 이리저리 떠돈다. 생함이 없는 곳을 알려고 하면 마음 밖의 행적이 없어야 한다.

我向汝道, 等閑無事, 莫謾用心.
아향여도　등한무사　막만용심

내가 그대에게 말하는 것은
한가하게 일없이 마음을 속이지 말라.

不用求真, 唯須息見.[218]
불용구진　유수식견

진실을 구할 필요도 없이
오직 반드시 견해를 쉬어라.

所以內見外見俱錯, 佛道魔道俱惡.[219]
소이내견외견구착　불도마도구악

그래서 내견도 외견도 모두 잘못이고
불도도 마도도 모두 그릇되었다.

---

218) 『信心銘』권1:「不用求真, 唯須息見.」(『대정장』권48, p.376, c3-4) 진실을 구함을 필요로 하지 않고 오직 반드시 견해를 쉬어라.
『景德傳燈錄』권30:「牛頭法融禪師心銘」莫滅凡情, 唯教息意. 意無心滅, 心無行絕.」(『대정장』권51, p.457, c23-24) 범부의 생각을 없애려 말고 오직 생각을 그치게 하라. 생각이 없으면 마음도 없으니 마음이 없으면 행이 끊어진다.

219) 『景德傳燈錄』권29:「寶誌和尚大乘讚」內見外見總惡, 佛道魔道俱錯.」(『대정장』권51, p.449, c10) 안팎의 견해는 모두 잘못된 것이고, 부처의 도와 마구니 도도 함께 어긋난 것이다.
『鎭州臨濟慧照禪師語錄』권1:「莫錯, 向外無法, 內亦不可得.」(『대정장』권47, p.500, c7-8) 착각하지 말라. 밖을 향해도 법은 없다. 안 또한 얻을 것이 없다.

所以文殊暫起二見,²²⁰⁾ 貶向二鐵圍山.
소이문수잠기이견　　폄향이철위산

그래서 문수보살이 잠시 두 가지 견해를 일으켰기에
두 철위산에 떨어졌다.

文殊即實智, 普賢即權智.
문수즉실지　　보현즉권지

문수보살은 실상의 지혜이고
보현보살은 방편의 지혜이다.

權實相對治, 究竟亦無權實, 唯是一心.
권실상대치　　구경역무권실　　유시일심

방편과 진실은 서로 상대를 치료하는 것인데
구경에는 역시 방편과 진실도 없으며
오직 한 마음이다.

---

220) 『諸佛要集經』권2 : (『대정장』권17)에 나오는 내용이다. 어느 때 여래가 천왕불의 처소로 설법하러 와서 시자인 아난에게 누군가 나를 찾거든 영취산의 석실에 있다고 대답하라고 명령해 두었다. 이윽고 문수가 찾아왔기 때문에 천왕불의 처소에 계시다고 대답했다. 문수가 천왕불의 처소로 갔을 때 여기는 부처님들만이 모인 세계로 보살은 들어올 수 없다고 말해서 강당으로 들어갈 수 없었다. 그래서 그는 마음속으로 '나는 부처가 되려고 하면 지금 당장이라도 될 수 있지만 중생들을 위하여 보살의 자리에 머무르고 있을 뿐이다. 부처의 세계에 참가할 자격이 있는 것이다. 왜 들어오지 말라고 하는 것인가?'라고 생각했다. 이 두 가지 견해를 내었기 때문에 천왕불은 그를 철산으로 추방했다.

心且不佛, 不眾生, 無有異見.
심차불불　불중생　무유이견

마음은 또 부처가 아니고, 중생도 아니고
다른 견해도 없다.

纔有佛見, 便作眾生見, 有見無見, 常見斷見,
재유불견　변작중생견　　유견무견　　상견단견

便成二鐵圍山, 被見障.
변성이철위산　피견장

부처라는 견해가 있자마자
곧바로 중생의 견해, 있음과 없음의 견해
불변과 단멸의 견해를 지어서 곧바로 두 철위산을 이루어
견해의 장애를 받는다.

故祖師直指一切眾生本心, 本體本來是佛, 不假修成,
고조사직지일체중생본심　본체본래시불　불가수성

不屬漸次, 不是明暗.
불속점차　불시명암

그러므로 조사께서 일체 모든 본심과 본체가 본래 부처이고
닦아서 이루어진 것이 아니고
점차적인 단계가 아니고
밝음과 어둠이 아니라고 바로 보인 것이다.

不是明故無明, 不是暗故無暗.
불시명고무명　불시암고무암

밝음이 아니기 때문에 밝음도 없으며
어둠이 아니기 때문에 어둠이 없는 것이다.

所以無無明, 亦無無明盡.[221]
소이무무명　역무무명진

그래서 무명이 없으며
또한 무명이 다함도 없다.

入我此宗門, 切須在意.
입아차종문　절수재의

우리 선종의 문에 들어오면
절대 반드시 정신을 차려야 한다.

---

221) 『摩訶般若波羅蜜經』권1 「習應品3」: 「亦無無明, 亦無無明盡.」(『대정장』권8, p.223, a19) 無明(무명)이라는 것은 인간의 과거세로부터 이어져 있는 미망의 근원인 무지를 말한다.
『大乘起信論』권1 : 「忽然念起, 名爲無明.」(『대정장』권32, p.577, c6-7) 홀연히 망념이 일어나는 것을 무명이라 한다.

如此見得, 名之爲法.
여차견득　명지위법

이와 같은 견해를 체득해야
법을 본다고 한다.

見法故, 名之爲佛.
견법고　명지위불

법을 보기 때문에
부처라 한다.

佛法俱無, 名之爲僧, 喚作無爲僧, 亦名一體三寶.[222]
불법구무　명지위승　환작무위승　역명일체삼보

부처와 법이 함께 없어야
스님이라 하는데
함이 없는 스님이라 부르고
또한 일체삼보라 한다.

---

222) 一體三寶(일체삼보)는 불·법·승 삼보를 본질적으로 하나라고 보는 견해이다. 同體三寶(동체삼보)라고도 한다.

夫求法者, 不著佛求, 不著法求,
부구법자　불착불구　불착법구

不著眾求,[223] **應無所求.**
불착중구　　응무소구

대저 법을 구하는 자는
부처에 집착하여 구해서도 안 되고
법에 집착해서 구해서도 안 되고
중생에 집착해서 구해서도 안 되고
응당히 구하는 바가 없어야 한다.

不著佛求故無佛, 不著法求故無法, 不著眾求故無僧.
불착불구고무불　　불착법구고무법　　불착중구고무승

부처에 집착해서 구하지 않는 까닭으로 부처가 없으며
법에 집착해서 구하지 않는 까닭으로 법이 없으며
중생에 집착해서 구하지 않는 까닭으로 스님이 없는 것이다.

---

223) 『維摩詰所說經』권2 「不思議品6」:「舍利弗! 夫求法者, 不著佛求, 不著法求, 不著眾求.; 夫求法者, 無見苦求, 無斷集求, 無造盡證, 修道之求, 所以者何? 法無戲論.」『대정장』권14, p.546, a11-14) 사리불아! 법을 구하는 자는 부처에 집착하여 구해서는 안 되고, 법에 집착해서 구해서는 안 되고, 중생에 집착해서 구해서는 안 된다. 법을 구하는 자는 고를 봄이 없이 구하고, 집을 끊음이 없이 구하며, 증을 다함이 없이 구하고, 도를 닦음이 없이 구한다. 왜냐하면 법에는 희론이 없기 때문이다.

진실로 하나의 법도
얻을 수 없다

問, 和尚見今說法, 何得言無僧亦無法.
문 화상견금설법   하득언무승역무법

배휴가 여쭈길
선사께선 지금 법을 설하고 계시는데
어찌 스님도 없고 법도 없다고 말씀하십니까?

師云, 汝若見有法可說,[224] 卽是以音聲求我.[225]
사운   여약견유법가설   즉시이음성구아

선사께서 이르시길
그대가 만약 법으로 설할 수 있는 것이 있다고 본다면
곧 음성으로써 나를 찾는 것이다.

---

[224] 『金剛般若波羅蜜經』권1 : 「說法者, 無法可說, 是名說法.」(『대정장』권8, p.751, c14-15) 설법이란 법 없음을 설하는 것을 설법이라 한다.

[225] 『金剛般若波羅蜜經』권1 : 「若以色見我, 以音聲求我, 是人行邪道, 不能見如來.」(『대정장』권8, p.752, a17-18) 만약 모양으로 나를 본다거나 음성으로 나를 구하면 삿된 도를 행하는 사람으로 여래를 친견하지 못한다.

若見有我, 即是處所.[226]
약견유아　즉시처소

만약 내가 있다고 본다면
처소가 있는 것이다.

法亦無法, 法即是心.
법역무법　법즉시심

법 또한 법이 없으며
법은 곧 마음이다.

所以祖師云, 付此心法時, 法法何曾法,[227]
소이조사운　부차심법시　법법하증법

無法無本心, 始解心心法.[228]
무법무본심　시해심심법

그래서 조사께서 이르시길
이 마음의 법을 부촉할 때
법과 법이 어찌 일찍이 법이었던가?
법도 없고 본래의 마음도 없을 때
비로소 마음과 마음의 법을 안다.

---

226) 『維摩詰所說經』권1 「弟子品3」: 「法無有我, 離我垢故」(『대정장』권14, p.540, a5) 법에는 내가 없어서 나의 허물을 여읜 까닭이다.

實無一法可得, 名坐道場.[229]
실무일법가득　명좌도량

진실로 하나의 법도 얻을 것이 없는 것이 도량에 앉는다고 한다.

道場者秖是不起諸見, 悟法本空, 喚作空如來藏.[230]
도량자지시불기제견　오법본공　환작공여래장

도량이란 단지 모든 견해를 일으키지 않는 것이며
법이 본래 공함을 깨닫는 것을 공여래장이라 부른다.

---

227) 『景德傳燈錄』권1 「釋迦牟尼佛傳法偈」法本法無法, 無法法亦法, 今付無法時, 法法何曾法.(『대정장』권51, p.205, c1-2) 법은 본래 법 없음이 법이니 법 없음의 법 또한 법이네. 지금 법 없음을 부촉할 때 법이라는 법은 어찌 일찍이 법이었겠는가?

228) 『景德傳燈錄』권1 「第六祖彌遮迦傳法偈」無心無可得, 說得不名法, 若了心非心, 始解心心法.(『대정장』권51, p.208, b5-6) 없는 마음은 얻을 수가 없는데 얻었다고 말하면 법이라 할 수 없다. 만약 마음이 마음 아닌 줄 깨달으면 비로소 마음이 마음의 법인 줄 아네.

229) 『維摩詰所說經』권1 「菩薩品4」: 「一切法是道場, 知諸法空故.」(『대정장』권14, p.542, c29 - p.543, a1) 일체법은 도량인데 제법이 공한 것을 알기 때문이다.

230) 空如來藏(공여래장): 『勝鬘師子吼一乘大方便方廣經』권1 「空義隱覆眞實章」 世尊! 有二種如來藏空智. 世尊! 空如來藏, 若離,若脫, 若異一切煩惱藏. 世尊! 不空如來藏, 過於恒沙不離, 不脫, 不異, 不思議佛法. 世尊! 此二空智, 諸大聲聞能信如來, 一切阿羅漢, 辟支佛空智, 於四不顚倒境界轉. 是故一切阿羅漢, 辟支佛, 本所不見, 本所不得. 一切苦滅, 唯佛得證, 壞一切煩惱藏, 修一切滅苦道.(『대정장』권12, p.221, c16-23) 세존이시여! 두 가지 여래장의 공한 지혜가 있습니다. 세존이시여! 공여래장은 여의었거나 벗어났거나 달라진 일체 모든 번뇌장입니다. 세존이시여! 불공여래장은 항하의 모래보다도 많은 여의지도 않고 벗어나지도 않고 달라지지도 아니한 부사의한 불법을 말합니다. 세존이시여! 이 두 가지 공한 지혜로 모든 큰 성문들은 여래를 믿고, 일체 모든 아라한, 벽지불의 공한 지혜는 네 가지 뒤바뀌지 아니한 경계에서 작용합니다. 그러므로 일체 모든 아라한, 벽지불은 본래부터 보지도 못하고 얻지도 못하는 것입니다. 일체 모든 고가 멸하는 것은 오직 부처님만이 일체 모든 번뇌장을 깨뜨리고 온갖 고를 멸하는 도를 닦았습니다.

本來無一物, 何處有塵埃.[231)]
본래무일물　하처유진애

본래 한 물건도 없는데
어느 곳에 티끌이 있겠는가?

若得此中意, 逍遙何所論.
약득차중의　소요하소론

만약 이 뜻을 체득했더라도
슬슬 거닐어 돌아다녀도 무슨 할 말이 있겠는가?

---

231) 『南宗頓教最上大乘摩訶般若波羅蜜經六祖惠能大師於韶州大梵寺施法壇經』권1 : 「菩提本無樹, 明鏡亦無臺, 佛性常清淨, 何處有塵埃？」(『대정장』권48, p.338, a7-8) 보리는 본래 나무가 없고 밝은 거울은 또한 대가 없네. 불성은 항상 청정하여 어느 곳에 티끌이 있겠는가?

본래
한 물건도 없다

問, 本來無一物, 無物便是否.
문　본래무일물　　무물변시부

배휴가 여쭈길, 본래 한 물건도 없다면
물건이 없는 것은 옳은 것입니까?

師云, 無亦不是²³²⁾, 菩提無是處, 亦無無知解.²³³⁾
사운　무역불시　　　보리무시처　　역무무지해

선사께서 이르시길, 없다고 해도 역시 옳지 않으며
보리는 옳은 곳이 없으며 또한 앎이 없는 곳도 없다.

---

232) 『維摩詰所說經』권2 「觀衆生品7」: 「菩提無住處, 是故無有得者.」(『대정장』권14, p.548, c17) 보리는 머무른 곳이 없다. 그러므로 얻음도 없다.

233) '깨달음의 자리는 공적하여 아무 것도 없지만 그 공적한 자리에 반야의 지혜가 끊임없이 상속하기 때문에 허무한 것은 절대 아니다.'라는 의미이다. 『景德傳燈錄』권7 : 「鵝湖大義章」順宗問尸利禪師, 大地衆生如何得見性成佛. 尸利云, 佛性猶如水中月, 可見不可取.」(『대정장』권51, p.253, a17-19) 순종이 시리 선사에게 묻길, 대지의 중생들은 어떻게 견성성불 합니까? 시리가 이르길, 불성은 마치 물속의 달과 같아서 볼 수는 있지만 취할 수는 없다.

마음을 떠나
따로 부처가 없다

問, 何者是佛.
문　하자시불

배휴가 여쭈길, 무엇이 부처입니까?

師云, 汝心是佛, 佛卽是心, 心佛不異.
사운　여심시불　불즉시심　심불불이

선사께서 이르시길, 그대의 마음이 부처이다.
부처는 마음이기에 마음과 부처는 다르지 않다.

故云, 卽心是佛, 若離於心, 別更無佛.[234]
고운　즉심시불　약리어심　별갱무불

그러므로 이르시길, 곧 마음이 부처이다.
만약 마음을 여의면 달리 다시 부처는 없다.

云, 若自心是佛, 祖師西來, 如何傳授.
운 약자심시불 조사서래 여하전수

여쭙길
만약 자기의 마음이 부처라면
조사가 서쪽에서 오셔서
어찌 법을 전수하신 것입니까?

師云, 祖師西來, 唯傳心佛, 直指汝等心本來是佛.
사운 조사서래 유전심불 직지여등심본래시불

선사께서 이르시길
조사가 서쪽에서 오신 것은
오직 마음이 부처임을 전하신 것이며
그대들의 마음이 본래 부처임을 바로 가리켜 주신 것이다.

---

234)『景德傳燈錄』권30 :「傅大士心王銘」除此心王更無別佛, 欲求成佛莫染一物. 心性雖空貪瞋體實. 入此法門端坐成佛, 到彼岸已得波羅蜜. 慕道眞士自觀自心. 知佛在內不向外尋. 卽心卽佛卽佛卽心. 心明識佛曉了識心. 離心非佛離佛非心.」(『대정장』권51, p.457, a4-9) 이 마음을 제거하면 달리 부처가 없다. 구하여 부처를 이루고자 한다면 하나의 물건도 물듦이 없어야 한다. 마음의 본성은 비록 텅 비었지만 탐·진·치의 본체는 진실하다. 이 법문에 들어와 단정히 앉아 부처를 이루면 해탈의 언덕에 도달했으니 이미 바라밀을 체득했다. 도를 사모하는 참된 수행자는 스스로 자기의 마음을 관조한다. 부처는 내 안에 있음을 알고 밖에서 찾지 말라. 마음이 곧 부처이고 부처가 곧 마음이다. 마음이 밝아져 부처를 알면 마음을 분명히 깨닫게 된다. 마음을 떠나서 부처는 없고, 부처를 떠나서 마음은 없다.

心心不異, 故名爲祖.[235)]
심심불이　고명위조

마음과 마음이 다르지 않는 까닭으로 조사라 한다.

若直下見此意, 即頓超三乘一切諸位.
약직하견차의　즉돈초삼승일체제위

만약 곧바로 이 뜻을 볼 수 있다면
단박에 삼승의 일체 모든 깨달음의 단계를 초월한다.

本來是佛, 不假修成.
본래시불　불가수성

본래 부처이기에 수행을 빌려서 이루어진 것이 아니다.

---

235) 부처에 대해서 선가에서의 변천은 다음과 같다. 性(성) → 심(心) → 사람(無位眞人, 無依道人)『大般涅槃經集解』권33「聖行品19」:「僧亮曰, 見性成佛, 即性爲佛也.」(『대정장』권37, p.490, c26) 승량이 말하길, 성품을 보아 부처를 이루는데 곧 성품이 부처이다.
『馬祖道一禪師廣錄(四家語錄卷一)』권1:「大梅山法常禪師, 初參祖. 問, 如何是佛. 祖云, 即心是佛.」(『속장경』권69, p.4, a19-20) 대매산법상 선사가 처음 마조 스님을 참배하고 묻길, 무엇이 부처입니까? 마조 스님이 이르길, 곧 마음이 부처이다.
『鎭州臨濟慧照禪師語錄』권1:「上堂云:「赤肉團上有一無位真人, 常從汝等諸人面門出入, 未證據者看看.」(『대정장』권47, p.496, c10-11) 상당하여 이르길, 벌거벗은 신체에 하나의 지위 없는 참사람이 있어서 항상 그대들의 얼굴에 출입하고 있다. 아직 이것을 증득하지 못한 사람은 잘 살펴보도록 하라.
『鎭州臨濟慧照禪師語錄』권1:「爾欲得識祖佛麼？祇爾面前聽法底.」(『대정장』권47, p.497, b8-9) 그대는 조불을 알고자 하는가? 단지 그 눈앞에서 법문을 듣고 있을 뿐이다.
『鎭州臨濟慧照禪師語錄』권1:「唯有聽法無依道人, 是諸佛之母, 所以佛從無依生.」(『대정장』권47, p.498, c2-3) 오직 내 앞에서 법문을 듣고 있는 무의도인이 제불의 모체이다. 그래서 부처는 의존함이 없는 곳에서 출생한다.

云, 若如此, 十方諸佛出世說於何法.
운　약여차　시방제불출세설어하법

여쭈길, 만약 이와 같다면
시방제불이 세상에 출현하시어 어떤 법을 설하였습니까?

師云, 十方諸佛出世, 祇共說一心法.
사운　시방제불출세　지공설일심법

所以佛密付與摩訶大迦葉.[236)]
소이불밀부여마하대가섭

대사께서 이르시길
시방제불이 세상에 출현하신 것은
단지 전부 일심법을 설하셨다.
그래서 부처는 마하가섭에게 은밀하게 법을 부촉하셨다.

此一心法體, 盡虛空遍法界, 名爲諸佛.
차일심법체　진허공변법계　명위제불

이 일심의 본체는 모두 허공법계에 편만하기에
제불이라 한다.

---

236) 摩訶大迦葉(마하대가섭)의 원어 'Mahākāśyapa'라는 것은 커다란 가섭의 뜻이기 때문에 大(대)는 의미상으로 중복되어 있다.

理論這個²³⁷⁾法, 豈是汝於言句上解得他,
리론저개   법 기시여어언구상해득타

亦不是於一機一境上見得他, 此意唯是默契.
역불시어일기일경상견득타   차의유시묵계

이치로 논한 그것을
어찌 그대가 말과 글자로 그것을 이해할 수 있겠으며
또한 이것저것 대응해서 그것을 체득할 수 있는 것도 아니다.
이 뜻은 오직 마음으로 묵묵히 계합하는 것이다.

得這一門, 名爲無爲法門.
득저일문   명위무위법문

이 하나의 문을 체득하는 것을 무위법문이라 한다.

若欲會得, 但知無心, 忽悟即得.²³⁸⁾
약욕회득   단지무심   홀오즉득

만약 깨닫고자 하면 다만 무심을 알아야
문득 깨달았을 때 체득하는 것이다.

---

237) 這個(저개)는 '그것, 그'라는 뜻이다.

238) 忽(홀)은 점차적인 단계를 인정하지 않을 때 쓰는 표현이다. 우리의 깨달음은 점차적인 단계를 밟아서 오는 것도 아니고 그것이 온다고 예고하고 오는 것도 아니다. 깨달음은 언제나 시간을 초월해서 오는 것이다. 마음의 인식과 정을 알면 이 말의 뜻은 쉽게 이해할 수 있을 것이다.

若用心擬學取, 即轉遠去.
약용심의학취　　즉전원거

만약 마음을 써서 배워 취하려고 하면 더욱 멀어진다.

若無岐路心一切取捨心, 心如木石,[239] 始有學道分.
약무기로심일체취사심　　심여목석　　　시유학도분

만약 이리 갈까 저리 갈까 하는 갈림길의 마음과
일체 모든 취하고 버리는 마음이 없어야
마음이 나무와 돌과 같아야 비로소 배울 자격이 있는 것이다.

云, 如今現有種種妄念, 何以言無.
운　여금현유종종망념　　하이언무

여쭙길, 지금 현재 여러 가지 망념이 있는데 어찌 없다고 하십니까?

---

239) 心如木石(심여목석)은 마음의 본질은 무심에 있다는 뜻이다. 『百丈懷海禪師廣錄(四家語錄卷三)』권1 :「問, 對一境. 如何得心如木石去. 師云, 一切諸法, 本不自言, 空不自言, 色亦不言, 是非垢淨. 亦無心繫縛人, 但爲人自生虛妄繫著, 作若干種解會, 起若干種知見, 生若干種愛畏. 但了諸法不自生, 皆從自己一念妄想顚倒取相而有, 知心與境, 本不相到, 當處解脫, 一一諸法, 當處寂滅, 當處道場.」『속장경』권69, p.7, c22 – p.8, a3) 묻길, 하나의 경계를 대하여 어떻게 마음을 나무와 돌과 같이 합니까? 대사께서 이르시길, 일체제법은 본래 스스로 말하지 않으며, 공은 스스로 말하지 않으며, 물질 또한 말하지 않으며 더럽고 깨끗함도 아니다. 또한 마음이 계박된 사람이 없고 다만 사람들이 스스로 허망하게 얽매어 집착하고 몇 가지의 알음알이를 짓고, 몇 가지의 지견을 일으키고, 몇 가지의 애착과 공포를 일으킬 뿐이다. 다만 제법이 스스로 생긴 것이 아니라 모두 자기의 한 생각 망상에 전도되어 상을 취하고 있음을 요달하면 마음이 대상과 본래부터 서로 전도되지 않음을 알면 당처에 해탈되고 하나하나의 제법이 바로 적멸하니 바로 도량이다.

師云, 妄本無體, 卽是汝心所起.
사운　망본무체　즉시여심소기

선사께서 이르시길
망념은 본래 실체가 없어서 그대의 마음이 일어나는 바이다.

汝若識心是佛, 心本無妄, 那得起心更認於妄.
여약식심시불　심본무망　나득기심갱인어망

그대가 만약 마음이 부처임과
마음은 본래 망념이 없는 줄 알면
어찌 마음을 일으켜 다시 망념을 알려고 하겠는가?

汝若不生心動念, 自然無妄.
여약불생심동념　자연무망

그대가 만약 마음을 내어 생각을 일으키지 않으면
자연히 망념은 없다.

所以云, 心生則種種法生, 心滅則種種法滅.[240]
소이운　심생즉종종법생　심멸즉종종법멸

그래서 이르시길, 마음이 일어나면 여러 가지 법이 생기고
마음이 없어지면 여러 가지 법이 없어진다고 했다.

云, 今正妄念起時, 佛在何處.
운   금정망념기시   불재하처

여쭈길, 지금 바로 망념이 일어날 때 부처는 어디에 있습니까?

師云, 汝今覺妄起時, 覺正是佛.[241]
사운   여금각망기시   각정시불

可中[242] 若無妄念, 佛亦無.[243]
가중   약무망념   불역무

선사께서 이르시길, 그대가 지금 망념이 일어나는 때를
깨달았을 때 깨달음이 바로 부처이다.
만약에 망념이 없을 것 같으면 부처 또한 없다.

---

240) 『大乘起信論』권1:「以心生則種種法生, 心滅則種種法滅故.」(『대정장』권32, p.577, b22-23) 마음이 일어나면 여러 가지 법이 생기고, 마음이 없어지면 여러 가지 법이 없는 까닭이다.
『大佛頂如來密因修證了義諸菩薩萬行首楞嚴經』권1:「由心生故, 種種法生 ; 由法生故, 種種心生.」 (『대정장』권19, p.107, c24-25) 마음으로 생긴 것으로 말미암아 여러 가지 법이 생기고 법이 생긴 것으로 말미암아 여러 가지 마음이 일어난다.
『大乘入楞伽經』권3「集一切法品2」:「如是意識滅, 種種識不生.」(『대정장』권16, p.606, a15) 이와 같이 의식이 없어지면 여러 가지 의식이 나지도 않는다.
『大乘入楞伽經』권4「無常品3」:「妄想習氣縛, 種種從心生 ; 眾生見爲外, 我說是心量.」(『대정장』권16, p.610, a3-5) 망상 습기로 묶이면 여러 가지가 마음 따라 생긴다. 중생이 밖으로 보게 되면 나는 번뇌 망상이라 말한다.

241) 중국에서는 옛날부터 佛(불)을 '覺(각)' 또는 '覺者(각자)'라고 번역했다. 또 부처의 지혜를 大覺(대각)이라고 칭한다.

242) 可中(가중)은 구어로 '만약'이라는 뜻이다.

243) 여기서는 망념이 일어나면 망념인 줄 자각해서 그 망념에 얽매이지 말라는 것을 강조하는 말이다. 『禪源諸詮集都序』권1:「念起即覺, 覺之即無修行妙門唯在此也.」(『대정장』권48, p.403, a5-6) 망념이 일어나면 곧 깨닫고, 깨달은 즉 망념은 사라진다. 수행의 묘문이 오직 이것에 있다.

何故如此，爲汝起心作佛見，便謂有佛可成，
하고여차　위여기심작불견　　변위유불가성

作眾生見，便謂有眾生可度．
작중생견　　변위유중생가도

무슨 까닭으로 이와 같은가?
그대가 마음을 일으켜 부처의 견해를 짓고
곧바로 이루는 부처가 있다고 말하고
중생의 견해를 짓고 곧바로 제도할 중생이 있다고 말하고 있다.

起心動念，總是汝見處．
기심동념　　총시여견처

마음을 일으켜 생각을 움직이면 모두 그대의 견해인 것이다.

若無一切見, 佛有何處所．[244]
약무일체견　　불유하처소

만약 일체의 견해가 없으면 부처는 어느 곳에 있겠는가?

---

244) 부처는 우주에 편만되어 있어 시방세계에 아니 계신 곳이 없다는 뜻인데, 그래서 '부처는 주처가 없다'라는 것이다. 『如來莊嚴智慧光明入一切佛境界經』권2 : 「自性淸淨者卽是不可得 ; 不可得者卽是無處 ; 無處者卽是實 ; 實者卽是虛空．」(『대정장』권12, p.245, b3-5) 자성청정은 얻을 것이 없는 것이다. 얻을 것이 없는 것은 처소가 없는 것이다. 처소가 없는 것은 진실이다. 진실은 허공이다.

如文殊纔起佛見, 便貶向二鐵圍山.
여문수재기불견　　변폄향이철위산

문수가 부처의 견해를 일으키자마자
곧바로 두 철위산으로 추방되었다.

云, 今正悟時, 佛在何處.
운　금정오시　　불재하처

여쭙길, 지금 바로 깨달았을 때 부처는 어디에 계십니까?

師云, 問從何來,[245] 覺從何起.
사운　문종하래　　각종하기

선사께서 이르시길
질문은 어디서부터 왔으며
깨달음은 어디서부터 일어났는가?

---

[245] 선문답은 그 물음에 질문자 자신에게 되돌려 보내어 그 물음이 시작된 근원으로 질문자의 눈을 향할 수 있게 하여 그 원점에 서서 다시 한 번 성찰해야 할 것을 시사하는 것이다. 『趙州和尙語錄』권2 : 「問, 歸根得旨時如何. 師云, 太慌忙生. 云, 不審. 師云, 不審從甚處起.」(『가흥장』권24, p.367, b14-15) 묻길, 근본에 돌아가 궁극의 것을 체득했을 때는 어떠합니까? 대사께서 이르시길, 대단히 황송합니다. 이르길, 무슨 뜻인지 모르겠습니다. 대사께서 이르시길, 도대체 어디에서 나온 것인가?

語默動靜, 一切聲色, 盡是佛事,[246] **何處覓佛.**
어묵동정　일체성색　진시불사　　하처멱불

일체생활 어묵동정과 일체 모든 소리와 모양은
모두 불사인데 어떤 곳에서 부처를 찾는가?

不可更頭上安頭, 嘴上加嘴.
불가갱두상안두　취상가취

머리 위에 다시 머리를 두고 입 위에 입을 더하지 못한다.

但莫生異見, 山是山水是水, 僧是僧, 俗是俗.
단막생이견　산시산수시수　　승시승　속시속

다만 다른 견해를 내지 말라.
산은 산이요 물은 물이고, 스님은 스님이고, 세속은 세속이다.

山河大地, 日月星辰, 總不出汝心.
산하대지　일월성신　총불출여심

산과 물과 대지, 해와 달과 별들도
모두 그대의 마음에서 나오지 않았는가?

---

246) 모든 사물의 장소, 모든 악업의 장소를 보살은 활용하여 불사로 하고 모두 열반의 경지로 삼으며 모두가 궁극의 진리인 것이라는 뜻이다.

三千世界都來是汝箇自己,[247] 何處有許多般, 心外無法,
삼천세계도래시여개자기　　하처유허다반　심외무법

滿目靑山, 虛空世界,[248] 皎皎地, 無絲髮許與汝作見解.
만목청산　허공세계　　교교지　무사발허여여작견해

삼천세계가 모두 그대 자기인데, 어떤 곳에 여러 가지가 있겠는가?
마음 밖에 법은 없다.
눈에 가득한 청산도, 허공의 세계도
깨끗하여 털끝만큼도 그대에 대한 견해를 지어 주는 것이 없다.

所以一切聲色是佛之慧目.
소이일체성색시불지혜목

그래서 일체 모든 소리와 모양은 부처의 지혜의 눈이다.

---

247) 都來(도래)는 '모두'라는 뜻이다. 汝箇自己(여개자기)는 희귀한 표현인데 汝(여)와 自己(자기)를 동격으로 연결하는 말투이다. 『寒山子詩集』권1 : 「嗍嗍買魚肉, 擔歸餧妻子. 何須殺他命, 將來活汝己. 此非天堂緣, 純是地獄滓. 徐六語破堆, 始知沒道理.」(『가흥장』권20, p.663, b24-c2) 분주히 쏘다니며 어육을 사서 집에 돌아가 처자를 먹이는구나. 어찌 반드시 다른 사람의 목숨을 죽여서 장차 자기가 살려고 하는가? 이것은 천상의 인연이 아니요, 순전히 지옥의 찌꺼기이다. 촌 늙은이 깨진 방아를 이야기하듯 비로소 도리가 없음을 알았다.

248) 『鎭州臨濟慧照禪師語錄』권1 : 「三界不自道, 我是三界.」(『대정장』권47, p.500, c16-17) 삼계는 스스로 내가 삼계라고 말하지 않는다.
『鎭州臨濟慧照禪師語錄』권1 : 「佛境不能自稱我是佛境.」(『대정장』권47, p.499, a12) 부처의 경계를 나는 부처의 경지라고 말하지 않는다.
『維摩詰所說經』권2 「文殊師利問疾品5」: 「又此法者, 各不相知, 起時不言我起, 滅時不言我滅.」(『대정장』권14, p.545, a4-6) 이 법은 각각 서로 알지 못한다. 일어날 때 나는 일어난다 말하지 않고, 없어질 때 나는 없다고 말하지 않는다.

法不孤起, 仗境方生.
법불고기　장경방생

법은 홀로 일어나지 않고
경계를 의지하여 바야흐로 생긴다.

爲物之故, 有其多智.
위물지고　유기다지

만물 때문에 많은 지혜가 있다.

終日說, 何曾說, 終日聞, 何曾聞.[249]
종일설　하증설　종일문　하증문

하루 종일 설해도 어찌 일찍이 설했으며
하루 종일 들어도 어찌 일찍이 들었겠는가?

---

249) 『注維摩詰經』권2 「弟子品3」: 「夫說法者, 無說無示, 其聽法者, 無聞無得. 肇曰, 無說豈曰不言. 謂能無其所說. 無聞豈曰不聽. 謂能無其所聞. 無其所說故, 終日說而未嘗說也. 無其所聞故, 終日聞而未嘗聞也.」『대정장』권38, p.347, b6-10) 설법이란 설하는 것도 없고 보이는 것도 없으며, 법을 듣는 것은 듣는 것도 없으며 얻을 것도 없는 것이다. 승조가 말하길, 설하는 것이 없다 해도 어찌 말하지 않는 것인가? 설하는 바가 없다고 말하는 것이다. 듣는 것이 없다 해도 어찌 듣지 않았다고 말하겠는가? 그 듣는 바가 없다는 것이다. 그 설하는 바가 없는 까닭으로 하루 종일 설해도 일찍이 설한 것이 아니다. 듣는 바가 없다는 것은 하루 종일 들어도 일찍이 들은 것이 없다는 것이다.

所以釋迦四十九年說,[250] **未嘗說著一字.**
소이석가사십구년설　　　미상설착일자

그래서 석가모니 부처님이 49년간 설했어도
한 글자도 설한 적이 없다고 하신 것이다.

---

250) 『楞伽阿跋多羅寶經』권3 「一切佛語心品」: 「大慧復白佛言 : 「如世尊所說 : 『我從某夜得最正覺, 乃至某夜入般涅槃, 於其中間乃至不說一字, 亦不已說,當說不說, 是佛說.(『대정장』권16, p.498, c17-19) 대혜가 다시 부처님께 아뢰었다. 세존께서 말씀하시길, 나는 어느 날 밤에 최고의 깨달음을 체득했다. 이어 어느 날 밤에 완전한 열반에 들어갔다. 그 중간에 이르도록 한 글자도 설하지 않았다. 또한 이미 설하지도 않았다. 마땅히 설한다고 말하지 않았다. 이것이 부처의 설하는 것이다.

보리심
菩提心

云, 若如此, 何處是菩提.
운 약여차 하처시보리

배휴가 여쭙기를
만약 이와 같으면
어느 곳이 보리입니까?

師云, 菩提無是處, 佛亦不得菩提, 眾生亦不失菩提.
사운 보리무시처 불역부득보리 중생역불실보리

선사께서 이르시길
보리는 장소가 없으며
부처 또한 보리를 체득하지 못하고
중생 또한 보리를 잃은 것이 아니다.

不可以身得,　不可以心求,[251]　一切眾生卽菩提相.[252]
불가이신득　　불가이심구　　　일체중생즉보리상

몸으로 체득할 수 없으며
마음으로 구할 수도 없다.
일체 모든 중생이 보리의 모습이다.

云,　如何發菩提心.
운　여하발보리심

여쭈길
무엇이 보리심을 내는 것입니까?

---

251) 『維摩詰所說經』권1 「菩薩品4」: 「菩提者不可以身得,　不可以心得.」(『대정장』권14, p.542, b22-23) 心求(심구)가 경전에는 心得(심득)으로 되어 있다. 보리는 몸으로 체득하지 못하며 마음으로도 체득하지 못한다.

252) 『維摩詰所說經』권1 「菩薩品4」: 「一切眾生卽菩提相.」(『대정장』권14, p.542, b16-17) 일체 중생은 곧 보리의 모습이다.

師云, 菩提無所得,²⁵³⁾ 爾今但發無所得心,
사운　보리무소득　　　이금단발무소득심

決定不得一法, 即菩提心.
결정부득일법　　즉보리심

대사께서 이르시길
보리는 체득할 바가 없다.
그대가 지금 다만 얻을 바 없는 마음을 내어
결정코 하나의 법도 체득하지 못함을 깨달으면
보리심이다.

菩提無住處,²⁵⁴⁾ 是故無有得者.
보리무주처　　　시고무유득자

보리는 머무르는 곳이 없다.
이런 연고로 체득하는 것이 없는 것이다.

---

253) 菩提無所得(보리무소득)은 보리라고 하는 것은 취득할 수 있는 어떤 물체는 모양과 같은 것으로 존재하는 것은 아니다. 즉 사물로써 파악할 수 있는 것과 같은 객체적인 법이 아니다. 만약 그렇다면 그것은 하나의 대상에 지나지 않게 된다.

254) 『維摩詰所說經』권2 「觀眾生品7」: 「天曰 : 「我得阿耨多羅三藐三菩提, 亦無是處. 所以者何? 菩提無住處, 是故無有得者.」」(『대정장』권14, p.548, c15-17) 천녀가 말하길, 제가 체득한 아뇩다라삼먁삼보리는 또한 장소가 없습니다. 왜냐하면 보리는 장소가 없으며 그런 까닭으로 얻을 것이 없습니다.

故云, 我於然燈佛[255]所無有少法可得, 佛卽與我授記.
고운　아어연등불　소무유소법가득　불즉여아수기

그러므로 이르시길
나는 연등불 처소에서
작은 법도 얻을 것이 없었기에
부처님은 나에게 수기해 주셨다.

明知一切衆生本是菩提, 不應更得菩提.
명지일체중생본시보리　불응갱득보리

일체 중생이 본래 보리이고
마땅히 다시 보리를 얻지 못함을 분명히 알았다.

爾今聞發菩提心, 將謂一箇心學取佛去, 唯擬作佛.
이금문발보리심　장위일개심학취불거　유의작불

그대가 지금 보리심을 낸다는 말을 듣고
하나의 마음을 가지고 불법을 배워서
오직 부처가 되려고 생각하고 있다.

---

255) 연등불은 석가모니 부처님이 세상에 출현하기 이전의 과거불 24인 가운데 한 분이다.

任爾三秖劫修, 亦秖得箇報化佛.
임이삼지겁수　역지득개보화불

그대가 삼아승지겁을 수행에 임하더라도
역시 단지 보신불과 화신불 뿐이다.

與爾本源真性佛,[256] 有何交涉.
여이본원진성불　　유하교섭

그대의 본원진성불과는
어떤 관계가 있겠는가?

故云, 外求有相佛, 與汝不相似.[257]
고운　외구유상불　여여불상사

그러므로 이르시길
밖에서 상으로 부처를 구하면
그대의 모습과 닮지 않는다.

---

256) 정유진 역『신회의 단어 연구』p.190 '但自知本體寂淨, 空無所有, 亦無住著, 等同虛空, 無處不遍, 卽是諸佛眞如身' 다만 스스로 본체가 적정하고 공하여 소유할 것이 없는 줄 알면 집착하는 것도 없고 허공과 같이 어디에도 두루하지 않는 것이 없다. 이것이 제불의 진여법신이다.

257)『景德傳燈錄』권1 :「第八祖佛陀難提 전법게」汝言與心親, 父母非可比, 汝行與道合, 諸佛心卽是. 外求有相佛, 與汝不相似, 欲識汝本心, 非合亦非離.」(『대정장』권51, p.208, c14-17) 그대의 말과 마음이 친밀하면 부모와 비교할 바가 아니요, 그대의 행이 도와 계합하면 제불의 마음이 곧 이것이다. 밖에서 상이 있는 부처를 구하면 법과 서로 같지 않네. 그대의 본래의 마음을 안다면 계합도 없으며 또한 여읨도 없다.

수은의 비유

問, 本既是佛, 那得更無四生六道[258]種種形貌不同.
문 본기시불 나득갱무사생육도 종종형모부동

배휴가 여쭈길
본래 이미 부처인데 어찌 다시 사생육도라는
여러 가지 다른 모습이 있습니까?

師云, 諸佛體圓, 更無增減, 流入六道, 處處皆圓.
사운 제불체원 갱무증감 류입육도 처처개원

선사께서 이르시길
제불의 본체는 둥글어서
다시 더하거나 줄어듦이 없다.
육도에 윤회하는 어느 곳에도 모두 둥글다.

---

258) 四生六道(사생육도)의 사생은 살아 있는 것의 태어나는 방법을 네 가지 종류로 분류한 것으로 태생, 난생, 습생, 화생의 4종이고, 육도는 중생이 각각의 업에 의하여 삶을 누리는 여섯 가지의 세계로 지옥, 아귀, 축생, 아수라, 인간, 천인을 말한다.

萬類之中, 個個是佛.
만류지중 개개시불

모든 종류의 중생들도 하나하나가 부처이다.

譬如一團水銀, 分散諸處, 顆顆皆圓.
비여일단수은 분산제처 과과개원

비유하면 마치 한 덩어리의 수은과 같아서
모든 곳에 나누어 흩어지더라도
한 방울 한 방울 모두 둥근 것과 같다.

若不分時, 秖是一塊.
약부분시 지시일괴

만약 나누어지지 않을 때에는 단지 하나의 덩어리이다.

此一即一切, 一切即一.[259]
차일즉일체 일체즉일

이 하나가 곧 일체이고 일체가 곧 하나이다.

---

[259] 『楞伽師資記』권1:「粲禪師章」注云, 此明祕密緣起, 帝網法界, 一即一切, 參而不同.」(『대정장』권85, p.1286, c3-4) 주에 이르길, 이는 비밀스런 연기의 인드라망의 법계를 밝힌 것으로 하나가 곧 일체요, 일체가 곧 하나여서 살피면 같지가 않다.
『信心銘』권1 : 一即一切, 一切即一, 但能如是, 何慮不畢」(『대정장』권48, p.377, a8-9) 하나가 곧 일체이고 일체가 곧 하나이니 다만 이와 같다면 어찌 미치지 못할까 생각하겠는가?

種種形貌, 喻如屋舍.
종종형모　유여옥사

여러 가지 형태의 모양은
비유하면 집과 같다.

捨驢屋入人屋, 捨人身至天身, 乃至聲聞緣覺菩薩佛屋,
사려옥입인옥　사인신지천신　내지성문연각보살불옥
皆是汝取捨處, 所以有別.
개시여취사처　소이유별

나귀의 집을 버리고 사람의 집에 들어가기도 하고
사람의 몸을 버리고 천인의 몸이 되고
심지어 성문, 연각, 보살, 부처의 집도
모두 그대가 취하고 버리는 곳이다.
그래서 다름이 있는 것이다.

本源之性, 何得有別.
본원지성　하득유별

본래 근원의 성품이
어찌 차별이 있겠는가?

무연
자비

問, 諸佛如何行大慈悲, 爲衆生說法.
문　제불여하행대자비　위중생설법

배휴가 여쭙기를
제불은 어떻게 대자비 행으로
중생을 위해 설법을 하십니까?

師云, 佛慈悲者無緣,[260] 故名大慈悲.
사운　불자비자무연　　고명대자비

선사께서 이르시길
부처의 자비는 인연이 없는 것이기에
대자비라 한다.

---

260) 중생을 인연으로 한 衆生慈悲緣(중생자비연)과 법을 인연으로 한 法緣慈悲(법연자비)는 다르다. 그리고 부처의 無緣慈悲(무연자비)는 그와 같은 일체의 인연이 없는 것이다. 즉 자비를 베푸는 주체도 그 베풂을 받는 대상도 모두 완전히 버려진 곳에서 이루어지는 대비이다.

慈者不見有佛可成, 悲者不見有眾生可度.
자자불견유불가성　　비자불견유중생가도

자는 부처가 있어 이룰 수 있다고 보지 않는 것이고
비란 제도할 중생이 있음을 보지 않는 것이다.

其所說法[261]無說無示, 其聽法者無聞無得,
기소설법　　무설무시　　기청법자무문무득

譬如幻士爲幻人說法.
비여환사위환인설법

그 설하는 바의 법도 없고 보이는 것도 없으며
그 법을 듣는 자도 듣는 것도 얻는 것도 없다.
비유하면 마술사가 만든 마술로 만든 사람에게
설법하는 것과 같다.

---

261) 『注維摩詰經』권2 「弟子品3」: 「夫說法者, 無說無示, 其聽法者, 無聞無得. 肇曰, 無說豈曰不言. 謂能無其所說. 無聞豈曰不聽. 謂能無其所聞. 無其所說故, 終日說而未嘗說也. 無其所聞故, 終日聞而未嘗聞也.」(『대정장』권38, p.347, b6-10) 설법이란 설하는 것도 없고 보이는 것도 없으며, 법을 듣는 것은 듣는 것도 없으며 얻을 것도 없는 것이다. 승조가 말하길, 설하는 것이 없다 해도 어찌 말하지 않는 것인가? 설하는 바가 없다고 말하는 것이다. 듣는 것이 없다면 어찌 듣지 않았다고 말하겠는가? 그 듣는 바가 없다는 것이다. 그 설하는 바가 없는 까닭으로 하루 종일 설해도 일찍이 설한 것이 아니다. 듣는 바가 없다는 것은 하루 종일 들어도 일찍이 들은 것이 없다는 것이다.

這個法, 若爲道我從善知識言下領得會也悟也.
저개법　약위도아종선지식언하령득회야오야

이 같은 법은
어떻게 제가 선지식으로부터
말끝에 이해했습니다
깨달았습니다 라고 말하겠는가?

這個慈悲, 若爲汝起心動念學得他.
저개자비　약위여기심동념학득타

이 자비를
어떻게 그대가 마음을 일으키고
생각을 일으키고 배워서
체득하겠는가?

見解不是自悟本心, 究竟無益.
견해불시자오본심　구경무익

내 견해로는 자기의 본래 마음을 깨닫지 못하면
끝내 이익이 없다.

정진이란?

問, 何者是精進.
문　하자시정진

배휴가 여쭙기를, 어떤 것이 정진입니까?

師云, 身心不起, 是名第一牢強精進.[262]
사운　신심불기　시명제일뢰강정진

선사께서 이르시길
몸과 마음도 일으키지 않는 것, 이것이 최고의 뇌강정진이다.

---

262) 『思益梵天所問經』권4「授不退轉天子記品15」:「於諸法不壞法性故, 於諸法無著, 無斷, 無增, 無減, 不見垢淨, 出於法性, 是名菩薩第一精進, 所謂身無所起, 心無所起.」於是世尊讚不退轉天子:「善哉, 善哉!」讚已, 語思益梵天言:「如此天子所說:『身無所起, 心無所起, 是爲第一牢強精進.』」(『대정장』권15, p.57, a19-25) '모든 법에 대하여 집착하지도 않고 단절하지도 않으며 무엇인가를 더하지도 않고 말하지도 않으며 거기에 더러움도 깨끗함도 인정하지 않고 법, 그 자체로부터 벗어나는 것, 그것이 보살의 제일정진이라는 것입니다. 말하자면 몸도 어떠한 발동을 하지 않고 마음도 어떠한 발동을 하지 않는 것입니다'라고 한다. 그러자 세존은 불퇴전 천자를 칭찬하며 말한다. 정말 훌륭하다. 지금 이 천자가 말한 몸도 어떠한 발동을 하지 않고 마음도 어떠한 발동을 하지 않는다고 하는 것이야말로 제일뇌강정진이다.

纔起心向外求者, 名爲歌利王愛游獵. [263)]
재기심향외구자　명위가리왕애유렵

밖으로 구하려는 마음을 내자마자
가리왕이 사냥놀이를 좋아함이라고 부른다.

去心不外遊, 即是忍辱仙人.
거심불외유　즉시인욕선인

마음을 제거하여 밖에서 놀지 않는 것을
인욕선인이라 한다.

身心俱無, [264)] **即是佛道.**
신심구무　　즉시불도

몸과 마음이 다 없는 것이
곧 불도이다.

---

263) 가리왕 이야기는 『금강경』에 나온다. 석존이 전세에 인욕선인이었던 때의 이야기이다. 어느 때 가리왕이 궁녀를 데리고 유람차 산으로 나가 나무 밑에서 쉬며 잠이 들었기 때문에 궁녀들은 선인의 처소로 법을 듣고자 갔다. 잠에서 깬 왕은 이것을 보고 화가 나 선인의 귀, 코, 손, 발을 절단했지만 선인은 성을 내지 않고 원한을 품지도 않았으며 이것을 잘 견디며 참아내었다고 한다. 여기에 '遊獵(유렵)을 즐기다'하는 것은 원래의 이야기를 조금 변화시킨 것이다.

264) 『금강경』에는 '그때조차도 나에게는 자기라고 하는 생각도, 살아 있다고 하는 생각도, 개체라고 하는 생각도, 개인이라고 하는 생각도 없었으며 또한 생각한다고 하는 것도 생각하지 않는다고 하는 것도 없었다'라고 말한다.

무심의 행

問, 若無心行此道得否.[265]
문   약무심행차도득부

배휴가 여쭙기를
만약 무심으로 이 도를 행해도 되겠습니까?

師云, 無心便是行此道, 更說什麼得與不得.
사운   무심변시행차도   갱설십마득여부득

선사께서 이르시길
무심이 곧 이 도를 행하는 것이다.
다시 무엇을 체득한다, 체득하지 못한다 하겠는가?

---

265) 得否(득부)의 得(득)은 '괜찮다, 좋다, 알맞다, 그래서 좋다, 그런 까닭에 좋다'의 의미이다. '얻을 수 있다, 할 수 있다'의 뜻은 아니다.

且如瞥起一念便是境.
차여별기일념변시경

예를 들면 잠시 한 생각을 일으키면 곧 경계이다.

若無一念, 便是境忘, 心自滅, 無復可追尋.
약무일념　변시경망　심자멸　무부가추심

만약 한 생각이 없으면
곧 경계가 없어서
마음이 자연히 소멸하여
다시 쫓아 찾을 것이 없다.

삼계를
벗어나야 한다

問, 如何是出三界.
문　여하시출삼계

배휴가 여쭙기를
삼계를 벗어나는 것은 어떠합니까?

師云, 善惡都莫思量,[266] 當處便出三界.
사운　선악도막사량　　당처변출삼계

선사께서 이르시길
선과 악 모두 생각하지 않으면
즉시 곧 삼계를 벗어나는 것이다.

---

266) 육조혜능의 말로 『돈황본육조단경』에는 도명에 설한 법의 내용이 나오지 않지만 『경덕전등록』4권에는 不思善(불사선), 不思惡(불사악)을 설했다고 나와 있다.

如來出世, 爲破三有. [267)]
여래출세　위파삼유

여래께서 세상에 출현하신 것은
삼유를 파하기 위해서다.

若無一切心, 三界亦非有.
약무일체심　삼계역비유

만약 일체의 마음이 없으면, 삼계 또한 없는 것이다.

如一微塵破爲百分, [268)] 九十九分是無,
여일미진파위백분　　구십구분시무

一分是有, 摩訶衍[269)]不能勝出.
일분시유　마하연　불능승출

마치 하나의 미진을 부수어 백분이 되고
99분까지 없어도 1분만 있어도
대승을 벗어난 것이 아니다.

---

267) 三有(삼유)는 욕계, 색계, 무색계의 삼계에 삶을 누리며 살아 있는 것의 각각의 생존은 欲有(욕유), 色有(색유), 無色有(무색유)의 3종으로 나누어 삼유라고 총칭한다.

268) 『金剛般若波羅蜜經』권1 : 「30일합이상분」須菩提！若善男子, 善女人, 以三千大千世界碎爲微塵, 於意云何？是微塵衆寧爲多不？』(『대정장』권8, p.752, b6-7) '수보리야! 만약 선남자 선여인이 삼천대천세계를 부수어 미세한 티끌로 만든다고 하자. 그대는 어떻게 생각하느냐? 그 미세한 티끌은 진실로 많다고 하지 않겠는가?'에서 나온 말이 아닌가 생각된다.

百分俱無, 摩訶衍始能勝出.²⁷⁰⁾
백분구무　마하연시능승출

백분의 미진이 다 없어야
대승을 비로소 벗어나는 것이다.

---

269) 摩訶衍(마하연)은 'Mahāyāna'의 음역이다. 큰 수레라는 의미이다. 즉 보수적 소승에 대하여 해방적 민중불교인 대승의 가르침을 말한다.

270) 반야공의 실천적인 입장을 대승선이라고 한다면 공 그 자체마저도 초월하는 입장은 최상승선의 입장이다. 여래청정선을 일명 최상승선이라 한다. 이는 철저한 반야바라밀이 되지 않으면 안 된다. 예를 들면『頓悟入道要門論』권1 :「又云, 大乘最上乘, 其義云何. 答, 大乘者, 是菩薩乘. 最上乘者, 是佛乘. 又問, 云何修而得此乘. 答, 修菩薩乘者, 即是大乘, 證菩薩乘, 更不起觀, 至無修處湛然常寂, 不增不減, 名最上乘, 即是佛乘也.」『대정장』권63, p.20, b14-18) 또 이르길, 대승과 최상승의 뜻은 어떠한가? 답하길, 대승이란 보살승이고 최상승이란 불승이다. 또 묻길, 어떻게 닦아야 이 가르침을 체득할 수 있는가? 답하길, 보살승을 닦는 것이 대승이다. 보살승을 증득하여 다시 관함을 일으키지 않고 닦을 곳이 없는 곳에 이르러야 담연히 상적하여 늘어남도 줄어듬도 없는 것이 최상승이라 하고 불승이다.

자기의 마음이
부처다

上堂云, 即心是佛, 上至諸佛, 下至蠢動含靈,
상당운　즉심시불　상지제불　하지준동함령

皆有佛性, 同一心體.
개유불성　동일심체

선사께서 상당하시어 이르시길
마음이 부처이다.
위로는 제불에 이르기까지
아래로는 꿈틀거리는 벌레를 비롯하여 유정에 이르기까지
대개 살아있는 모든 것들은 모두 불성이 있어
마음의 본체가 동일하다.

所以達摩從西天來, 唯傳一心法,[271]
소이달마종서천래　유전일심법

直指一切衆生本來是佛, 不假修行.
직지일체중생본래시불　불가수행

그래서 달마대사가 인도로부터 오셔서
오직 한 마음의 법을 전하여
일체중생은 본래 부처이고
수행을 빌리지 않는다고 곧바로 가리키었다.

但如今識取自心, 見自本性, 更莫別求.
단여금식취자심　견자본성　갱막별구

다만 지금 자기 마음을 알아
자기의 본성을 보고
다시 다른 것을 구하지 말라.

云, 何識自心.
운　하식자심

여쭙길, 어떻게 자기의 마음을 압니까?

---

[271] 『馬祖道一禪師廣錄(四家語錄卷一)』 권1: 「達磨大師, 從南天竺國, 來至中華, 傳上乘一心之法.」(『속장경』권69, p.2, b18-19) 달마 대사가 남천축국에서부터 중국에 이르렀다. 상승일심의 법을 전했다.

卽如今言語者, 正是汝心.²⁷²⁾

즉여금언어자 정시여심

지금 말하는 것이 바로 그대의 마음이다.

若不言語, 又不作用.

약불언어, 우부작용.

만약 말을 하지 않으면 또 작용도 하지 않는다.

---

272) 『宗鏡錄』권14 : 「汝若欲識心, 祇今語言, 卽是汝心, 喚此心作佛, 亦是實相法身佛, 亦名爲道.」(『대정장』권48, p.492, a10-12) 그대가 만약 마음을 알고자 한다면 단지 지금 말하는 것이 곧 그대의 마음이다. 이 마음을 부처라 부르고 또한 실상법신불이고 또한 도라 한다.
『宗鏡錄』권98 : 「太原和尙云, 夫欲發心入道, 先須識自本心. 若不識自本心, 如狗逐塊, 非師子王也. 善知識, 直指心者, 卽今語言是汝心.」(『대정장』권48, p.942, b12-15) 태원 화상이 이르길, 대저 발심하여 도에 들어가려고 한다면 먼저 반드시 자기의 본래의 마음을 알아야 한다. 만약 자기의 본래 마음을 알지 못하면 개가 흙덩이를 쫓는 것과 같아서 사자왕이 아니다. 여러분 곧바로 마음을 가리킨 것은 곧 지금 말하는 그대의 마음이다.
『達磨大師血脈論』권1 : 「汝問吾卽是汝心. 吾答汝卽是吾心. 吾若無心, 因何解答汝. 汝若無心, 因何解問吾.」(『속장경』권63, p.2, b1-3) 그대가 나에게 묻는 것이 그대의 마음이다. 내가 그대에게 답하는 것이 나의 마음이다. 내가 만약 마음이 없다면 어떤 인연으로 그대에게 대답하겠는가? 그대가 만약 마음이 없다면 무엇을 인연으로 나에게 물을 수 있겠는가?
『景德傳燈錄』권29 : 「寶志和尙大乘讚」若欲悟道眞體, 莫除聲色言語. 言語卽是大道, 不假斷除煩惱.」(『대정장』권51, p.449, b1-3) 만약 도의 참된 본체를 깨닫고자 한다면 소리와 모양과 언어를 제거하지 말라. 말이 곧 대도이며 번뇌를 끊어 제거할 필요가 없다.
『宗鏡錄』권97 : 「吉州思和尙云, 卽今語言, 卽是汝心, 此心是佛, 是實相法身佛.」(『대정장』권48, p.940, b15-17) 길주사 화상이 이르길, 지금 말이 곧 그대의 마음이다. 이 마음이 부처이고 실상법신불이다.
『景德傳燈錄』권14 : 「大顚和尙章」潮州大顚和尙初參石頭, 石頭問師曰, 那箇是汝心. 師曰, 言語者是. 便被喝出.」(『대정장』권51, p.312, c26-27) 조주 대전 화상이 처음 석두 화상을 참문하니 석두화상이 스님에게 물으니 어느 것이 그대의 마음인가? 조주 스님이 말하길, 말하는 것입니다. 석두 화상이 곧바로 할로 쫓아 버렸다.

心體如虛空相似,[273] **無有相貌, 亦無方所,**
심체여허공상사　　　무유상모　　역무방소
亦不一向是無, 有而不可見.
역불일향시무　　유이불가견

마음의 본체는 허공과 같아서
모양도 없고 또한 위치나 방향도 없으며
또한 한결같이 없는 것도 아니고
있다 해도 볼 수 있는 것이 아니다.

---

273) 心體如虛空相似(심체여허공상사) : 마조 이후의 사람들은 견문각지 행주좌와가 모두 마음의 작용이고 일용의 모든 것이 마음의 본질이 아닌 것이 없다고 보았기 때문이다. 무념을 밝은 거울에 비유한 것이 황벽에 이르면 허공으로 대치된다. 허공은 명암도 없고 동요도 없다. 태양에도 뜬구름에도 구애되지 않는다. 허공은 태양과 뜬구름의 비유 그 이상으로 박진감을 가진다. 그러므로 황벽 이후 당대의 선자는 허공이 새로운 관심사의 하나가 되는 것이다.
『宗鏡錄』권6 :「論曰, 性虛空理, 有十種義. 一者無障礙義, 諸色法中無障礙故. 二者周遍義, 無所不至故. 三者平等義, 無揀擇故. 四者廣大義, 無分際故. 五者無相義, 絕色相故. 六者清淨義, 無塵累故. 七者不動義, 無成壞故. 八者有空義, 滅有量故. 九者空空義, 離空著故. 十者無得義, 不能執故. 是名爲十.」(『대정장』권48, p.446, c20-27) 논에 말하길, 성품의 허공의 이치는 10가지 뜻이 있는데 첫 번째는 무장애이고 모든 색법에 걸림 없는 까닭이다. 두 번째는 두루 편재한 뜻인데 이르지 못하는 곳이 없는 까닭이다. 세 번째는 평등의 뜻인데 간택함이 없는 까닭이다. 네 번째는 넓고 크다는 뜻인데 나눈 사이가 없다는 뜻이다. 다섯 번째는 상이 없는 뜻인데 색상을 끊은 까닭이다. 여섯 번째는 청정한 뜻인데 쌓인 번뇌가 없는 까닭이다. 일곱 번째는 움직임이 없는 뜻인데 이루어 무너짐이 없는 까닭이다. 여덟 번째는 공이 있음의 뜻인데 한량이 없는 까닭이다. 아홉 번째는 공 자체도 없다는 뜻인데 공에 집착함을 여의었다는 까닭이다. 열 번째는 얻을 바가 없다는 뜻인데 집착하지 않는 까닭이다. 열 가지를 이름 한다.

故祖師云, 眞性心地藏, 無頭亦無尾,
고조사운   진성심지장   무두역무미

應緣而化物, 方便呼爲智.274)
응연이화물   방편호위지

그러므로 조사께서 이르시길
참 성품은 마음 땅에 숨겨져 있어, 머리도 없고 또한 꼬리도 없다.
인연에 따라 중생을 교화하기에, 방편으로 지혜라 부른다.

若不應緣之時, 不可言其有無, 正應之時, 亦無蹤跡.
약불응연지시   불가언기유무   정응지시   역무종적

만약 인연에 따르지 않을 때
그것을 있고 없고를 말하지 못하지만
시절 인연에 바로 응할 때, 또한 자취는 없다.

旣知如此, 如今但向無中棲泊, 卽是行諸佛路.
기지여차   여금단향무중서박   즉시행제불로

이미 이와 같이 알고 있다면
지금 다만 없음 속에 머물러야 한다.
이것이 제불이 가는 길이다.

---

274) 제26조 불여밀다의 전법게이다. 『景德傳燈錄』권2 : 「眞性心地藏 無頭亦無尾 應緣而化物 方便呼爲智」『대정장』권51, p.216, a13-14)

經云, 應無所住而生其心.[275]
경운 응무소주이생기심

경에 이르길, 머무는 바 없이 그 마음을 내어야 한다고 했다.

一切眾生輪迴生死者, 意緣走作心,
일체중생륜회생사자 의연주작심

於六道不停, 致使受種種苦.
어육도부정 치사수종종고

일체 중생이 생사에 윤회하는 것은
인연을 생각하여 마음으로 지어 달리어
육도를 멈추지 않아
여러 가지 고통을 받은 결과인 것이다.

---

275) 『金剛般若波羅蜜經』권1 : 「제10장엄정토분」諸菩薩摩訶薩應如是生淸淨心, 不應住色生心, 不應住聲, 香, 味, 觸, 法生心, 應無所住而生其心.」(『대정장』권8, p.749, c20-23) 모든 위대한 보살들은 당연히 이렇게 청정한 마음을 일으켜야 한다. 마땅히 모양에 집착하지 말고 마음을 일으켜야 하며, 마땅히 소리·향기·맛·감촉·이치에 머무는 바 없이 마음을 일으켜야 한다. 육조혜능은 최초로 이 구를 듣고 깨달음을 열었다고 한다.

淨名云,難化之人心如猿猴,
정명운　난화지인심여원후

故以若干種法制禦其心,然後調伏.[276)]
고이약간종법제어기심　연후조복

『정명경』에 이르길
교화하기 어려운 사람은 마음이 원숭이와 같아서
몇 종류의 법을 사용하여 그 마음을 제어시킨 연후에
조복시킨다고 한다.

所以心生種種法生,心滅種種法滅.[277)]
소이심생종종법생　심멸종종법멸

그래서 마음이 일어나면 여러 가지 법이 생겨나고
마음이 없어지면 여러 가지 법이 없어진다.

---

276) 『維摩詰所說經』권3 「香積佛品10」:「以難化之人, 心如猨猴, 故以若干種法, 制御其心, 乃可調伏.」(『대정장』권14, p.553, a12 13) 교회하기 어려운 사람은 마음이 원숭이와 같기 때문에 여러 가지의 법으로 그 마음을 제어하고 조복합니다.

277) 『大乘起信論』권1:「以心生則種種法生, 心滅則種種法滅故.」(『대정장』권32, p.577, b22-23) 『大佛頂如來密因修證了義諸菩薩萬行首楞嚴經』권1:「由心生故, 種種法生;由法生故, 種種心生.」(『대정장』권19, p.107, c24-25) 마음으로 생긴 것으로 말미암아 여러 가지 법이 생기고 법이 생긴 것으로 말미암아 여러 가지 마음이 일어난다.
『大乘入楞伽經』권3 「集一切法品2」:「如是意識滅, 種種識不生」(『대정장』권16, p.606, a15) 이와 같이 의식이 없어지면 여러 가지 의식이 나지도 않는다.
『大乘入楞伽經』권4 「無常品3」:「妄想習氣縛, 種種從心生;眾生見爲外, 我說是心量.」(『대정장』권16, p.610, a3-5) 망상 습기로 묶어지면 여러 가지가 마음 따라 생긴다. 중생이 밖으로 보게 되면 나는 번뇌 망상이라 말한다.

故知一切諸法皆由心造,[278]
고지일체제법개유심조

乃至人天地獄六道修羅, 盡由心造.
내지인천지옥육도수라　진유심조

그러므로 일체 모든 법은 모두 마음으로 말미암아 만들어낸 것이고
인간계, 천상계, 지옥계, 육도와 아수라 등도
모두 마음으로 말미암아 만들어진 것임을 알아야 한다.

如今但學無心頓息諸緣, 莫生妄想分別,
여금단학무심돈식제연　막생망상분별

無人無我,[279] **無貪瞋無憎愛無勝負.**
무인무아　　무탐진무증애무승부

지금 다만 무심을 배워 여러 가지 인연을 단박에 쉬어
망상이나 분별을 내지 말아야 아상 인상이 없고
탐욕과 성냄도 없고 싫어함과 애착도 없고
이기고 지는 것도 없게 되는 것이다.

---

278) 『大方廣佛華嚴經80』권19 : 「若人欲了知, 三世一切佛, 應觀法界性, 一切唯心造.」(『대정장』권 10, p.102, a29-b1) 만약 삼세의 일체 모든 부처님을 알고자 한다면 법계의 성품이 일체 모두 가 오직 마음이 만든 것을 보아야 한다.
『妙法聖念處經』권4 : 「世及出世間, 一切由心造, 猶如工畫師, 巧善皆成就.」(『대정장』권17, p.428, b23-25) 세간과 출세간의 일체 모두 마음으로 말미암아 만들어진 것이 다만 그림 그리는 사람과 같아서 공교하게 잘 모두 성취되었다.

279) 無人無我(무인무아)는 인간이라고 하는 것에 그 본질로서 갖추어져 있다고 상정되는 고정적, 실체적인 것을 人我(인아)라고 한다. 法我(법아)와 함께 얽매인 미망의 사고로써 경계해야 할 대상이다.

但除却如許多種妄想, 性自本來淸淨,
단제각여허다종망상　성자본래청정

卽是修行菩提法佛等.
즉시수행보리법불등

다만 많은 종류의 망상을 제거하면
본성은 스스로 본래 청정하여
즉시 보리의 법을 닦는 부처와 같을 것이다.

若不會此意, 縱爾廣學勤苦修行, 木食草衣,
약불회차의　종이광학근고수행　목식초의

不識自心皆名邪行, 盡作天魔外道水陸諸神.
불식자심개명사행　진작천마외도수륙제신

만약 이 뜻을 알지 못하면
설사 그대가 널리 배우고 부지런히 괴롭게 수행하며
나무껍질을 먹고 풀 옷을 입을지라도
자기의 마음을 알지 못하면 모두 삿된 행이며
다 천마 외도 물귀신이나 땅 귀신 등 여러 귀신이 된다.

如此修行, 當復何益.
여차수행　당부하익

이와 같이 수행하면, 무슨 이익이 있겠는가?

志公云, 本體是自心作, 那得文字中求.[280]
지공운 본체시자심작 나득문자중구

지공이 이르시길, 본체는 자기의 마음이 지은 것이니
어찌 문자에서 찾는가?

如今但識自心, 息却思惟, 妄想塵勞自然不生.
여금단식자심 식각사유 망상진로자연불생

지금 다만 자기의 마음을 알아
사량하고 분별하는 마음을 물리쳐 쉬면
망상의 번뇌 망념이 자연스럽게 일어나지 않는다.

淨名云, 唯置一床寢疾而臥, 心不起也.[281]
정명운 유치일상침질이와 심불기야

『정명경』에 이르길
오직 침상 하나만 두고 병들어 누워 있었다고 하는 것은
마음이 일어나지 않는 것을 이른 것이다.

---

[280] 『전심법요』에는 '머무는 바가 없는 마음이 곧 부처 행이다' 지공화상의 말씀으로 本體是自心作(본체시자심작)이 佛本是自心作(불본시자심작)으로 되어 있다.

[281] 『維摩詰所說經』권2 「文殊師利問疾品5」: 「爾時長者維摩詰心念:「今文殊師利與大眾俱來!」即以神力空其室內, 除去所有及諸侍者；唯置一床, 以疾而臥.」(『대정장』권14, p.544, b9-11) 그때에 장자 유마힐이 마음으로 생각하기를, 지금 문수사리 보살이 대중과 함께 오고 있다. 신통력으로 그이 집안을 모두 비우고 온갖 소유물들과 여러 시자도 제거하고 오직 하나의 평상만 놓아 두고 병을 앓으며 누워 있었다.

如今臥疾, 攀緣都息, 妄想歇滅, 即是菩提.
여금와질　반연도식　망상헐멸　즉시보리

지금 병들어 누워 있는 것은 반연을 모두 쉬고
망상은 소멸한 것이다. 곧 보리이다.

如今若心裏紛紛不定, 任爾學到三乘四果十地諸位,
여금약심리분분부정　　임이학도삼승사과십지제위

合殺[282] 秖向凡聖中坐.
합살　지향범성중좌

지금 만약 마음속이 어지러워 안정되지 않으면
그대가 삼승, 사과, 십지 등 모든 계위에 배워 이르더라도
결국 단지 범부와 성인의 자리에 있는 것이다.

諸行盡歸無常, 勢力皆有盡期, 猶如箭射於空,
제행진귀무상　　세력개유진기　　유여전사어공

力盡還墮, 却歸生死輪迴.
력진환타　각귀생사윤회

제행은 모두 무상으로 돌아가고, 세력은 모두 다 할 때가 있다.
비유하면 마치 화살을 허공에 쏠 때, 힘이 다하면 땅으로
다시 떨어지는 것과 같이, 생사윤회에 다시 돌아가는 것과 같다.

---

282) 合殺(합살)은 부사로 '필경, 결국'의 뜻이다. 『宗鏡錄』권98 : 「雲居和尚語」盡說却了, 合殺頭, 人總不信受.」『대정장』권48, p.947, a15-16) 이상 다 말했지만 결국 아무도 온전히 받아주지 않았다.

如斯修行不解佛意, 虛受辛苦, 豈非大錯.
여사수행불해불의   허수신고   기비대착

이와 같은 수행은 부처의 뜻을 알지 못하고, 허무하게
신랄한 고통을 받으니, 어찌 크게 어긋난 것이 아니겠는가?

志公云, 未逢出世明師, 枉服大乘法藥.
지공운   미봉출세명사   왕복대승법약

지공이 이르시길, 아직 출세간의 밝은 선지식을 만나지 못했기에
쓸데없이 대승의 법약을 복용했다.

如今但一切時中行住坐臥但學無心, 亦無分別亦無依倚,
여금단일체시중행주좌와단학무심   역무분별역무의의

亦無住著, 終日任運騰騰,[283] **如癡人相似.**[284]
역무주착   종일임운등등   여치인상사

지금 다만 일체 모든 가고 머물고 앉고 누워 있는 시간에 다만
무심을 배워, 또한 분별하지 않고 의지함도 없으며, 또한 집착함도
없이 하루 종일 자유자재하며, 어리석은 사람과 같은 것이다.

---

283) 騰騰(등등)은 말이 달릴 때 발이 땅에 붙지 않고 공중에 떠 있는 상태. 다리가 기우뚱거리는 모습.

284) 『頓悟入道要門論』권1 : 「世人咸說我癡, 外現瞪瞪暗鈍.」(『속장경』권63, p.23, b10-11) 세상 사람들은 모두 나를 어리석다고 한다. 겉으로 드러난 모습은 대단히 암둔해 보인다.
『永嘉證道歌23계』권1 : 「調古神清風自高, 貌頓骨剛人不顧.」(『대정장』권48, p.395, c26) 정신은 청정하고 가풍은 절로 높아, 앙상히 마른 골격 사람들은 보지 않네. 위의 내용은 모두 분별심이 없는 어리석은 사람으로 표현하고 있다.

世人盡不識爾, 爾亦不用教人識不識.
세인진불식이 이역불용교인식불식

세상 사람들이 모두 그대를 모르고
그대 또한 사람들이 알게 하고 알지 못하게 할 필요가 없는 것이다.

心如頑石頭都無縫罅, 一切法透汝心不入,
심여완석두도무봉하 일체법투여심불입

兀然無著, 如此始有少分相應.
올연무착 여차시유소분상응

마음이 마치 단단한 돌과 같이 전혀 금도 균열도 없기 때문에
일체 법이 그대의 마음을 뚫고 들어가지 못하고
움직이지 못하고 집착이 없다.
이와 같아야 비로소 조금 상응하는 것이 있다.

透得三界境過名爲佛出世.
투득삼계경과명위불출세

삼계의 경계를 뚫고 지나가야 부처가 세상에 출현했다고 한다.

不漏心相名爲無漏智. [285]
불루심상명위무루지

마음의 작용이 새지 않는 것을 무루지라 한다.

不作人天業, 不作地獄業, 不起一切心,
부작인천업　부작지옥업　불기일체심

諸緣盡不生, 即此身心是自由人. [286]
제연진불생　즉차신심시자유인

인간계와 천상계의 업을 짓지 않고
지옥업을 짓지 않고, 일체의 마음을 일으키지 않아
여러 가지 인연이 모두 발생하지 않을 때
이 몸과 마음이 자유인인 것이다.

不是一向不生, 秖是隨意而生.
불시일향불생　지시수의이생

한결같이 일어나지 않는다는 것은 아니고
다만 의지에 따라 일어나는 것이다.

---

285) 無漏智(무루지)는 인간이 가진 번뇌 때문에 갖가지 괴로움이나 과오가 누출하여 인간을 미혹의 세계로 표류시킨다고 하는 생각으로부터 번뇌를 有漏(유루)라고 한다. 그러한 번뇌를 끊고 부처의 깨달음을 목표로 하는 성자의 지혜를 無漏智(무루지)라고 한다.

286) 自由人(자유인)은 서양인들의 자유는 주로 외적인 구속으로부터 해방되는 것을 자유로 보지만 동양인들은 마음의 구속에서 벗어나는 것을 자유라고 보고 있다.

經云，菩薩有意生身是也.[287]
경운　보살유의생신시야

경에 이르길, 보살은 생각에 의해 화신을 낸다고 했다.

忽若未會無心,[288] 著相而作者，皆屬魔業，
홀약미회무심　　　착상이작자　개속마업

乃至作淨土佛事，並皆成業，乃名佛障.
내지작정토불사　병개성업　내명불장

문득 만약 아직 무심을 알지 못하고
모양에 집착하여 짓는다면, 모두 마구니 업에 속하며
정토 부처의 일을 짓는 것조차도
아울러 모두 업이고, 부처를 장애하는 것이다.

障汝心故，被因果管束，去住無自由分.
장여심고　피인과관속　거주무자유분

그대의 마음을 장애한 까닭으로
인과에 얽매어 가고 머무는 자유가 없는 것이다.

---

287) 보살이 신통력으로써 자기 뜻대로 다른 몸으로 다시 태어나는 것은 『능가경』권3이나 『승만경』에 설해져 있다.

288) 忽若(홀약)을 종래에 '허술하게, 만약'이라고 읽은 것은 잘못이다. 이 두 자를 합쳐서 가정을 나타내는 부사로 쓰인다. '조금이라도, 만에 하나라도'의 뜻이다. 간단히 '만약'이라고 읽으면 된다.

所以菩提等法, 本不是有.
소이보리등법　본불시유

그래서 보리 등의 법은
본래 있는 것이 아니다.

如來所說, 皆是化人猶如黃葉爲金權止小兒啼.
여래소설　개시화인유여황엽위금권지소아제

여래께서 설한 바는
모두 사람을 교화하는 것이기에
비유하면 누런 나뭇잎을 금이라 하여
어린아이의 울음을 그치게 하는 것과 같다.

故實無有法名阿耨菩提.
고실무유법명아뇩보리

그러므로 진실로 법 없음이 아뇩보리라 한다.

如今既會此意, 何用區區.
여금기회차의　하용구구

지금 이미 이 뜻을 알았다면
수고스러움이 필요하겠는가?

但隨緣消舊業,[289] **更莫造新殃, 心裏明明.**
단수연소구업　　경막조신앙　　심리명명

다만 인연에 따라 구업을 소멸할 뿐, 다시 새로운 재앙을 짓지 말라. 마음속은 밝고 밝을 것이다.

所以舊時見解總須捨却.
소이구시견해총수사각

그래서 옛날의 견해는 모두 반드시 제거해야 한다.

淨名云, 除去所有,[290] **法華云, 二十年中常令除糞.**[291]
정명운　제거소유　　법화운　이십년중상령제분

『정명경』에 이르길, 있는 것을 제거했다고 했고
『법화경』에 이르길, 20년 동안 항상 똥을 제거했다고 한다.

---

289) 『鎭州臨濟慧照禪師語錄』권1 : 「但能隨緣消舊業, 任運著衣裳, 要行卽行, 要坐卽坐, 無一念心希求佛果.」(『대정장』권47, p.497, c13-15) 다만 인연에 따라 과거의 업을 소멸하며 사정에 따라 옷을 입고 싶으면 옷을 입고, 가고 싶으면 가고, 앉고 싶으면 앉을 뿐이다. 불과를 희구하고자 하는 일념의 마음조차도 없다.

290) 『維摩詰所說經』권2 「文殊師利問疾品5」: 「爾時長者維摩詰心念 : 「今文殊師利與大衆俱來!」 卽以神力空其室內, 除去所有及諸侍者 ; 唯置一床, 以疾而臥.」(『대정장』권14, p.544, b9-11) 이때에 장자 유마힐이 마음으로 생각하길, 지금 문수사리와 여러 대중들이 오는데 신통력으로 그의 방안을 비워 있는 것을 제거하고 모든 시자들에게 오직 하나의 침상을 설치하게 하고 병들어 누워 있었다.

291) 『妙法蓮華經』권2 「信解品4」: 「由是之故, 於二十年中常令除糞.」(『대정장』권9, p.17, a27) 이로 말미암은 까닭으로 이십 년 동안 항상 똥을 제거했다.

秖是除去心中作見解處.

지시제거심중작견해처

단지 마음속에 지은 견해를 제거하는 것을 말한다.

又云, 蠲除戲論之糞.

우운 견제희론지분

또 이르길, 빨리 희론의 똥을 제거해야 한다.

所以如來藏本自空寂[292] 并不停留一法.

소이여래장본자공적 병부정류일법

그래서 여래장은 본래 스스로 공적하여
아울러 하나의 법도 남아 있지 않다.

---

292) 『勝鬘師子吼一乘大方便方廣經』권1 :「空義隱覆真實章」世尊! 有二種如來藏空智. 世尊! 空如來藏, 若離, 若脫, 若異一切煩惱藏. 世尊! 不空如來藏, 過於恒沙不離, 不脫, 不異, 不思議佛法. 世尊! 此二空智, 諸大聲聞能信如來, 一切阿羅漢, 辟支佛空智, 於四不顛倒境界轉. 是故一切阿羅漢, 辟支佛, 本所不見, 本所不得, 一切苦滅, 唯佛得證, 壞一切煩惱藏, 修一切滅苦道.』『대정장』권12, p.221, c16-23) 세존이시여! 두 가지 여래장의 공한 지혜가 있습니다. 세존이시여! 공여래장은 여의었거나 벗어났거나 달라진 일체 모든 번뇌장입니다. 세존이시여! 불공여래장은 항하의 모래보다도 많은 여의지도 않고 벗어나지도 않고 달라지지도 아니한 부사의한 불법을 말합니다. 세존이시여! 이 두 가지 공한 지혜로 모든 큰 성문들은 여래를 믿고, 일체 모든 아라한, 벽지불의 공한 지혜는 네 가지 뒤바뀌지 아니한 경계에서 작용합니다. 그러므로 일체 모든 아라한, 벽지불은 본래부터 보지도 못하고 얻지도 못하는 것입니다. 일체 모든 고가 멸하는 것은 오직 부처님만이 일체 모든 번뇌장을 깨뜨리고 온갖 고를 멸하는 도를 닦았습니다.

故經云, 諸佛國土亦復皆空.[293]
고경운 제불국토역부개공

그러므로 경에 이르길, 여러 불국토 또한 모두 공하다.

若言佛道是修學而得, 如此見解全無交涉.
약언불도시수학이득   여차견해전무교섭

만약 불도는 닦고 배워서 얻을 수 있다고 말하면
이와 같은 견해는 전혀 관계가 없다.

或作一機一境揚眉動目, 祇對相當[294]便道契會也,
혹작일기일경양미동목   지대상당   변도계회야

得證悟禪理也, 忽逢一人, 不解便道, 都無所知.
득증오선리야   홀봉일인   불해변도   도무소지

혹은 하나의 지혜나 하나의 경계를 짓고 눈썹을 치켜 올리고
눈을 굴려도, 상대에 대처하매 곧바로 깨달음에 계합했다고
말하거나, 선리를 깨달아 증득했다고 하는데, 문득 어떤 한 사람을
만나, 곧바로 도를 알지 못하고, 전혀 아는 바가 없다고 한다.

---

293) 『維摩詰所說經』권2 「文殊師利問疾品5」: 「文殊師利言: 「居士此室, 何以空無侍者?」維摩詰言: 「諸佛國土亦復皆空.」『대정장』권14, p.544, b28-c1) 문수사리가 말하길, 거사의 이 집은 어찌 텅 비고 시자도 없습니까? 유마힐이 말하길, 여러 부처님의 국토도 또한 다 공합니다.

294) 祇對(지대)는 祇對(지대), 支對(지대)라고도 쓴다. '대처하다, 처리하다, 일을 매듭짓다'의 의미이다. 相當(상당)은 대상으로 향해 가는 것. 그것과 대결의 자세를 취하는 것을 말한다.

對他若得道理, 心中便歡喜,
대타약득도리　심중변환희

若被他折伏不如他, 便卽心懷惆悵.
약피타절복불여타　변즉심회추창

다른 사람을 대하여 만약 도리를 알아
마음속으로 곧바로 기뻐하지만
만약 그에게 굴복당하여 그에게 어찌하지 못하면
곧바로 마음속으로 슬퍼한다.

如此心意學禪, 有何交涉.
여차심의학선　유하교섭

이와 같은 마음으로 선을 배우려는 의도는
어떤 관계가 있겠는가?

任汝會得少許道理, 卽得個心所法,[295] 禪道總沒交涉.
임여회득소허도리　즉득개심소법　　선도총몰교섭

그대가 약간의 도리를 알았다고 하더라도
곧 일개 심소법이어서, 선도와는 모두 관계가 없다.

---

295) 心所法(심소법)은 마음에 속하는 것, 또는 심적이라는 의미로 복잡한 정신작용을 단지 대상을 식별하는 작용뿐만 아니라 거기에 작용하는 의지, 감정, 충동, 더욱이 욕망, 혐오 등 부수적으로 일어나는 정신 현상을 구체적 분석적으로 파악했을 경우에 고찰되는 마음의 작용을 말한다.

所以達摩面壁,[296] 都不令人有見處.
소이달마면벽   도불령인유견처

그래서 달마대사가 벽을 향해 앉은 것은
모두 사람들로 하여금 견처가 있으면 안 된다고 한 것이다.

故云妄機是佛道, 分別是魔境.
고운망기시불도   분별시마경

그래서 이르길, 기교를 잊으면 불도이고
분별은 마구니 경계이다.

此性縱汝迷時亦不失, 悟時亦不得.
차성종여미시역불실   오시역부득

이 본성은 설사 그대가 미혹할 때도 또한 잃지 않으며
깨달을 때도 또한 얻는 것은 아니다.

---

296) 壁觀(벽관)은 달마 대사의 좌선법인데 벽이 안을 지켜 밖을 차단하는 것과 같이 자신의 마음을 지키며 명상하는 것이다. 반드시 실제로 벽을 향하여 앉는 것을 말하는 것은 아니다. 『景德傳燈錄』권3 : 「菩提達磨章」寓止于嵩山少林寺, 面壁而坐終日默然, 人莫之測, 謂之壁觀婆羅門.」 (『대정장』권51, p.219, b3-5) 숭산의 소림사에 머물러 면벽하여 온종일 묵묵히 앉아 있었으므로 사람들이 헤아릴 수 없어서 벽관바라문이라 하였다.

天眞自性, 本無迷悟.
천진자성　본무미오

천진한 자성은
본래 미혹함과 깨달음도 없다.

盡十方虛空界, 元來是我一心體.
진시방허공계　원래시아일심체

온 시방의 허공계도
원래 나의 한 마음의 본체이다.

縱汝動用造作, 豈離虛空.
종여동용조작　기리허공

설사 그대가 움직여 조작하더라도
어찌 허공을 여의겠는가?

虛空本來無大無小, 無漏無爲, 無迷無悟.
허공본래무대무소　무루무위　무미무오

허공은 본래 크고 작음도 없고
유루도 없고 유위도 없으며
미혹함과 깨달음도 없다.

了了見無一物, 亦無人亦無佛, 絶纖毫的量,
료료견무일물 역무인역무불 절섬호적량

是無依倚無粘綴一道淸流, 是自性無生法忍.[297]
시무의의무호철일도청류   시자성무생법인

한 물건도 없고
또한 사람도 없으며 부처가 없음을 분명하게 보았다.
절대로 털끝만큼도 계량하지 못한다.
이것이 의지하거나 붙을 것이 없는 한 줄기의 맑은 흐름이고
자성무생법인이다.

何有擬議.
하유의의

어찌 의론이 있겠는가?

真佛無口, 不解說法, 真聽無耳, 其誰聞乎, 珍重.
진불무구 불해설법 진청무이 기수문호 진중

진실한 부처는 입이 없기에 설법하지 못한다.
진실한 들음은 귀가 없기에 그 누가 듣겠는가?
편히 쉬십시오.

---

297) 無生法忍(무생법인)은 일체의 법은 본래 공하여 생하는 것이 없다고 하는 진리를 인정하는 지혜를 말한다.

상당법문

師一日上堂, 開示大衆云.
사일일상당　개시대중운

선사께서 하루는 상당하여
법을 펼쳐 대중에게 이르시길

預前若打不徹, 臘月三十夜到來, 管取[298]爾熱亂.
예전약타불철　납월삼십야도래　관취　이열란

미리 앞의 일을 철저하게 해 두지 않으면
섣달그믐날 밤이 되어(죽음에 이르러)
틀림없이 그대는 흥분하고 어지러울 것이다.

---

298) 管取(관취)는 '틀림없이, 확실히'라는 뜻의 부사이다. 『佛果圜悟禪師碧巖錄24칙평창』권3 : 「如今人問著, 管取分疎不下.」(『대정장』권48, p.165, a15-16) 지금 사람들에게 물어본다면 틀림없이 대답하지 못한다.

有般外道纔見人說做工夫，他便冷笑，猶有遮箇在.
유반외도재견인설주공부　　타변랭소　유유차개재

일반적으로 외도들은 공부하는 사람들을 보자마자
곧바로 쌀쌀하게 비웃으며, 아직도 이러한 사람들이 있는가 한다.

我且問爾，忽然臨命終時，爾將何抵敵生死.
아차문이　홀연임명종시　이장하저적생사

내가 우선 그대들에게 묻나니, 문득 홀연히 죽음이 다가올 때
그대들은 장차 어떤 것으로 생사와 대적하려고 하는가?

爾且思量看，却有個道理，那得[299]天生彌勒自然釋迦.
이차사량간　각유개도리　나득　천생미륵자연석가

그대는 우선 잘 생각해 보아라.
도리어 도리가 있으니, 어찌 처음부터 미륵이고 자연히 석가이든가?

有一般閑神野鬼，纔見人有些少病，便與他人說.
유일반한신야귀　재견인유사소병　변여타인설

보통의 한가한 귀신과 들 귀신이 있는데, 사람들이 사소한 병이
있는 것을 보자마자, 곧바로 다른 사람들에게 말한다.

---

299) 那得(나득)은 어찌 ~하는 것을 얻는가? ~해도 좋은가? 문어에는 何得(하득)이 있다.

爾只放下著, 及至他有病.
이지방하착 급지타유병

그대는 단지 마음을 내려놓아라.
그의 병에 있는 곳에 이르러라.

又却理會不下, 手忙脚亂.
우각리회불하 수망각란

또 도리어 이치를 알지 못한다면, 다급해서 갈피를 잡지 못한다.

爭柰爾肉如利刀碎割做, 主宰[300]不得.
쟁내이육여리도쇄할주   주재   부득

그대의 육신이 날카로운 칼로 부수고 베어지는 것과 같은데
여래도 얻지 못하는데 어찌하겠는가?

萬般事須是閑時辦得下, 忙時得用, 多少省力.
만반사수시한시판득하   망시득용   다소생력

만 가지 일을 반드시 한가할 때 준비해 두어야
바쁠 때 사용할 수 있어, 적게나마 힘을 덜 수 있다.

---

300) 主宰(주재)는 주된 것. 통일하는 지배자. 여래의 동의어이다.

休待臨渴掘井, 做手脚不辦, 遮場狼藉,
휴대림갈굴정　주수각불판　차장랑자

如何迴避前路黑暗, 信采胡鑽亂撞, 苦哉苦哉.
여하회피전로흑암　신채호찬란당　고재고재

목마를 때를 기다렸다 우물을 파지 말라.
손발이 어찌하지 못하고
장소를 가리어 여기저기 흩어져 어지럽다.
앞길이 몹시 컴컴하고 어두운 것을 어떻게 회피하겠는가?
믿지 못하여 어찌하지 못하고 어지럽게 부딪히니
괴롭고 괴롭다.

平日只學口頭三昧, 說禪說道,
평일지학구두삼매　설선설도

喝佛罵祖, 到遮裏都用不著,
갈불매조　도차리도용불착

平日只管瞞人, 爭知道今日自瞞了也.
평일지관만인　쟁지도금일자만료야

평소에 단지 구두삼매만 배워, 선을 말하고 도를 말하며
부처를 꾸짖고 조사를 욕하지만
시절 인연에서 전혀 쓸 수가 없다.
평소에 오로지 사람들을 속이지만
어찌 도를 안다고 오늘 자기를 속일 수 있겠는가?

阿鼻地獄[301]**中決定放爾不得,**
아비지옥　중결정방이부득

而今末法將沈, 全仗[302]**有力量.**
이금말법장침　전장　유력량

아비지옥에 결정코 떨어져도 그대는 어찌하지 못한다.
지금 말법에 장차 빠졌으니
역량이 있음에 모든 것을 믿고 의지해야 한다.

兄弟家, 負荷續佛慧命莫令斷絶.
형제가　부하속불혜명막령단절

형제들이여!
부처의 혜명을 잇는 책임을 단절시키지 말라.

---

301) 阿鼻地獄(아비지옥)은 아비초열지옥(阿鼻焦熱地獄), 아비지(阿毘旨, 阿鼻旨, 阿鼻至), 아비(阿鼻) 등으로 음역함. 남섬부주 아래 2만 유순인 깊이에 있는 지옥인데, 괴로움 받는 일이 순간도 쉬지 않고 끊임이 없다 하여 그런 이름이 붙여졌으며 무간지옥(無間地獄), 아비지옥(阿鼻地獄)이라고도 한다. 이 지옥에 떨어지는 죄인에게는 필파라침(必波羅鍼)이라는 악풍(惡風)이 있는데 온몸을 건조시키고 피를 말려 버린다. 또 옥졸이 몸을 붙잡고 가죽을 벗기며, 그 벗겨낸 가죽으로 죄인의 몸을 묶어 불 수레에 싣고 훨훨 타는 불구덩이 가운데에 던져 넣어 몸을 태우고, 야차(夜叉)들이 큰 쇠창을 달구어 죄인의 몸을 꿰거나 입, 코, 배 등을 꿰어 공중에 던진다고 한다. 또는 쇠매(鐵鷹)가 죄인의 눈을 파먹게 하는 등의 여러 가지 형벌을 받는다고 하며, '흑승, 등활지옥'이나 마찬가지로 16 별처(別處)가 있다고 한다. 이 지옥에 떨어지는 죄는 다음과 같다. ①5역죄(五逆罪)의 하나를 범한 자 ②인과(因果)를 무시하는 자 ③절이나 사찰의 탑을 부수는 자 ④성중(聖衆)을 비방하는 자 ⑤시주받은 물건을 사적인 용도로 낭비하는 자 ⑥아라한(불교의 성자)을 살해하는 자 ⑦비구니를 강간한 자.

302) 숲仗(전장)은 모든 것을 믿고 의지함을 말한다.

今時纔有一個半個行脚,[303] **只去觀山觀景,**
금시재유일개반개행각　　지거관산관경

不知光陰能有幾何.
부지광음능유기하

이제야 겨우 얻기 어렵게 행각하고 있으니
단지 산천 경관을 보니, 세월이 얼마나 있는지 어찌 알지 못하는가?

一息不回便是來生, 未知甚麼頭面, 嗚呼.
일식불회변시래생　　미지심마두면　　오호

잠시 돌아오지 못하면 곧 죽음인데, 어찌 눈앞인 줄 알지 못하는가?
아아!

勸爾兄弟家, 趁色力康健時, 討取個分曉處,
권이형제가　　진색력강건시　　토취개분효처

不被人瞞底一段大事.
불피인만저일단대사

그대 형제들에게 권하노니, 몸이 건강할 때 지켜라.
토론하여 이 본분을 깨달아야 하는데
사람들은 속이지만 일대사인연은 피하지 못한다.

---

303) 『祖堂集』권7 : 「巖頭全豁章」與摩會千人萬人之中, 難得一個半個」(『대장경보편』권25, p.439, a6-7) 천 사람 만 사람 중에 이렇게 알았다면 한 사람도 체득하기 어렵다.

遮些關梱子, 甚是容易, 自是爾不肯去下,
차사관려자　심시용이　자시이불긍거하

死志做工夫, 只管道難了又難好.
사지주공부　지관도난료우난호

이 불법의 대의는 매우 쉬우나
본래부터 그대가 긍정하지 않는다.
죽을 각오로 공부를 해야지
오로지 도는 깨닫기 어렵고 또 어렵다고 한다.

教爾知那得樹上自生底木杓, 爾也須自去做箇轉變始得.
교이지나득수상자생저목표　이야수자거주개전변시득

그대로 하여금 나무 위에서
저절로 국자가 생긴다고 알고 있어도 좋겠는가?
그대가 또한 반드시 스스로 변화하는 것을 만들어 봐야
비로소 알 수 있다.

若是箇丈夫漢, 看箇公案.
약시개장부한　간개공안

대장부라면
이 공안을 참구하라.

僧問趙州, 狗子還有佛性也無, 州云, 無.[304]
승문조주　구자환유불성야무　주운　무

어떤 스님이 조주 스님에게 묻길
개에게도 불성이 있습니까?
조주 스님이 이르길
무라 했다.

但去二六時中看箇無字, 晝參夜參行住坐臥, 著衣吃飯處,
단거이육시중간개무자　주참야참행주좌와　착의흘반처

阿屎放尿處, 心心相顧, 猛著精彩, 守箇無字.
아시방뇨처　심심상고　맹착정채　수개무자

다만 하루 종일 무자 화두만 참구하고
낮이나 밤이나, 가거나 머물거나, 앉거나 누워도
옷 입고 밥 먹을 때
똥 누고 오줌 눌 때도
마음과 마음이 서로 돌아보고
정신을 차리고
무자를 지켜라.

---

304) 『無門關제1칙』권1 : 「趙州和尚因僧問. 狗子還有佛性. 也無. 州云無.」(『대정장』권48, p.292, c23-24) 조주화상을 인연하여 어떤 스님이 묻길, 개에게도 도리어 불성이 있습니까? 조주스님께서 이르길, 없다.

日久月深打成一片, 忽然心花頓發, 悟佛祖之機,
일구월심타성일편　홀연심화돈발　오불조지기

便不被天下老和尚舌頭瞞, 便會開大口,
변불피천하노화상설두만　변회개대구

達摩西來無風起浪,³⁰⁵⁾ 世尊拈花一場敗缺.
달마서래무풍기랑　　　세존염화일장패결

시간이 지나고 세월이 깊어져 일체가 되면
문득 마음 꽃이 활짝 피어
불조의 지혜 작용을 깨달으면
곧바로 천하의 노화상 혀에 속지 않고
달마가 서쪽에서 온 것은
바람이 없는데 파도가 일어난 것이요
세존께서 꽃을 든 것은 한바탕 패한 것이라고
곧바로 크게 말해야 한다.

---

305) 『禪家龜鑑』권1 : 「佛祖出世, 無風起浪.」(『속장경』권63, p.737, b20) 부처와 조사가 세상에 출현하시는 것이 바람이 없는데 파도가 일어나는 것과 같다.
『無門關』권1 : 「恁麼說話, 大似無風起浪好肉剜瘡.」(『대정장』권48, p.292, b14-15) 내가 여기에 수록한 깨달음을 이룬 인연들도 마치 바람도 없는데 파도를 일으키거나 맑고 깨끗한 피부를 긁어서 상처를 내는 것과 같은 것이라 하겠다.
『景德傳燈錄』권19 : 「雲門文偃章」直饒念一毫頭, 盡大地一時明得, 也是剜肉作瘡.」(『대정장』권51, p.357, a11-12) 설사 한 터럭을 가지고 온 대지를 일시에 밝히는 일을 한다고 할지라도 이 또한 긁어 부스럼을 만드는 일이다.

到這裏說甚麼閻羅老子千聖尚不奈爾何,
도저리설심마염라노자천성상불내이하

不信道, 直有遮般奇特.
불신도   직유차반기특

시절 인연에서 염라대왕이나 많은 성인도
오히려 그대를 어찌하지 못한다.
가령 이러한 기특한 사람만이 할 수 있는 것이라고 믿지 말라.

爲甚如此, 事怕有心人.
위심여차   사파유심인

어찌 이와 같은가?
일은 원력을 세운 사람을 두려워하기 때문이다.

頌曰, 塵勞迥脫事非常, 緊把繩頭做一場,
송왈   진로형탈사비상   긴파승두주일장

不是一翻寒徹骨, 爭得梅花撲鼻香.
불시일번한철골   쟁득매화박비향

게송으로 말씀하시길
번뇌를 벗어나는 일은 보통의 일이 아니니
밧줄 단단히 잡고 한바탕 힘을 쓴다.
한 번 뼛속에 사무치는 추위가 아니면
어찌 코를 찌르는 매화 향기를 얻을 수 있겠는가?

색인

[ㄱ]
가리왕 · p238
가섭 · p153
가중 · p128, 219
각각부동 · p121
갈등 · p138
갈불매조 · p270
개원사 · p19
갱무소법가득 · p27
갱무소흠 · p41
건화문 · p145
견문각지 · p44, 45, 46, 65, 72, 247
견법 · p73, 205
견자본성 · p245
견제희론지분 · p261
경조면 · p134
계급 · p161
계정혜 · p68
고목석두 · p140
공안 · p14, 273
공여래장 · p119, 209, 261
공용 · p25, 38, 42, 49, 64
과거심불가득 · p93
관속 · p258
관음 · p34
관취 · p267
관타인 · p111
교교지 · p143, 223
교섭 · p147, 148, 263
교수사 · p152
교화접인 · p59
구경무익 · p236

구두삼매 · p270
구법 · p89, 123, 154
구법자 · p206
구시견해 총수사각 · p260
구자환유불성야무 · p274
구지견자여문 · p33
금란 · p158
금언어자정시여심 · p246
기소설법 · p235
기심동념 · p220, 236

[ㄴ]
나득 · p144, 231, 268, 273
난화지인심여원후 · p250
내견외견구착 불도마도구악 · p149, 201
내외신심 · p91
능인소인 · p95

[ㄷ]
다지다해 · p117
단수연소구업 · p260
단자망심 · p83
달마대사 · p71, 74, 125, 179, 245, 275
달마면벽 · p264
달본원고 · p115
담연원적 · p81
당하무심 · p48
대도 · p179, 180, 246
대사(大捨) · p91, 92
대승법약 · p146, 255
대승심 · p16, 113

대유령 · p154
대자비 · p234
도무방소 · p113
도재심오 · p167
도차리 · p270
독약 · p113, 118
돈식제연 · p251
돈초 · p146, 214
돈초삼승일체제위 · p214
동념즉괴 · p23, 26
동몽 · p167
동일법성 · p87
동일심체 · p190
둔근인 · p104
득어망전 · p114

[ㄹ]
료료견 · p149
리문자지인 · p16
리일체상 · p36, 62
리일체상즉시불 · p62

[ㅁ]
마도 · p76, 149, 201
마업 · p258
마하연 · p242, 243
만법유심 · p79
망본무체 · p218
망상진로자연불생 · p253
망생분별 · p55
망심 · p64, 79, 83
명상좌 · p154, 155, 156
목석 · p32, 140, 217

목식초의 • p252
목전허공 • p107, 133
목표 • p139, 257, 273
몰교섭 • p263
몽중망위 • p42
무가견 • p195
무구 • p58, 136
무량공덕 • p70
무루지 • p139, 257
무무명 역무무명진 • p204
무방소 • p32, 113, 247
무법가설 • p97
무법무본심 시해심심법 • p208
무변신보살 • p195, 196
무사인 • p120, 137
무상본심 • p75
무생법인 • p77, 173, 266
무생심 • p169
무소유 • p49
무시이래 • p22, 26, 27, 79, 126, 127
무심도인 • p31
무심무법 • p131
무심지심 • p36
무심행 • p239
무아 • p52, 53, 171
무위법문 • p216
무이상 • p62, 191
무일물 • p41, 135, 149, 210, 266
무일법가득 • p57, 188
무주 • p31, 49, 52, 53, 162, 228, 255

무풍기량 • p275
무형상 • p64
문수 • p33, 176, 202, 221, 260, 262
물수잠기이견 폄향이철위산 • p202
미륵 • p198, 268
미봉출세명사 왕복대승법약 • p255
미심 • p104, 129
미증 • p64, 110, 161, 162
밀신자심 • p179

[ㅂ]
반연도식 • p254
발보리심 • p227
방편 • p59, 78, 84, 100, 101, 115, 138, 176, 177, 187, 194, 202, 248
방하착 • p269
배상공 • p166
배휴 • p14, 21, 74, 84, 103, 110, 123, 138, 151, 161, 168, 172, 175, 182, 193, 195, 212, 221, 226, 231, 234, 239, 241
백장 • p15
범부 • p63, 76, 81, 118, 122, 124, 125, 128, 144, 172, 176, 180, 185, 188, 197, 201
범부개축경 • p78
범소유상개시허망 • p184
범인 • p81, 90
법무범성 • p172

법본법무법 • p153
법본불생 • p77
법본불유 • p173
법성 • p87
법신 • p27, 60, 61, 62, 65, 96, 97, 98, 142, 150, 170, 176, 230, 246
법신무이상 • p62
법외무심 • p39
법유몰처 • p73
법화회상 • p80
변즉심이 • p127
병각 • p119
보리 • p29, 43, 49, 56, 62, 69, 81, 141, 143, 170, 176, 177, 210, 211, 226, 227, 228, 229, 252, 254
보리도 • p30
보리무소득 • p228
보리무시처 역무무지해 • p211
보리무주처 • p228
보리열반 • p56
보살 • p33, 35, 37, 40, 66, 80, 86, 87, 91, 93, 101, 130, 144, 161, 176, 183, 187, 188, 193, 197, 221, 233, 237, 249, 258
보살유의생신이야 • p258
보신 • p96, 97, 98, 171
보현 • p33, 202
보화비진불 • p98, 171
본래무일물 • p211
본래무일물 하처유진애 • p210
본래시불 • p37, 57, 175, 203,

색인 279

213, 214, 245
본래청정 • p139, 148, 252
본래평등 • p180
본무번뇌 • p69
본무일체법 • p59
본원지성 • p233
본원진성불 • p230
본원청정불 • p40, 70
본자공적 • p261
본자구족 • p25
본체시자심작 • p253
본체자현 • p45
부모미생시면목래 • p156
부차심법시 법법하중법 • p208
분뇨취예 • p36
불가득 • p79, 93, 105, 183
불가이신득 불가이십구 • p227
불감 • p19, 32, 64
불급중생심역여차 • p29
불루심상명위무루지 • p257
불사선불사악 • p156, 241
불사의 • p132, 181
불생불멸 • p52, 58
불승 • p78, 194, 243
불식자심 • p143, 252
불신무위불타제수 • p199
불심 • p176, 177
불심제일 • p177
불자비무연 고명대자비 • p234
불장 • p185, 258
불조일반 • p150
불즉시법 • p66
불지(佛地) • p102

[ㅅ]
사계해 • p149
사대 • p52, 55, 65, 81
사문 • p110, 115
사행(邪行) • p143, 252
살수 • p135
삼승 • p80, 101, 117, 121, 124, 187, 193, 194, 214, 254
삼승공행 • p36
삼승교 • p193
삼승지겁 • p56
삼신 • p96
삼십이상 • p183
삼십이상팔십종호 • p192
삼유 • p242
삼제 • p162
삼지겁수 • p230
삼천세계 • p223
삼현사과십지만심 • p144
상근인 • p104, 105
상승이래 • p112
생사번뇌 • p177
생사윤회 • p38, 254
생심력 • p106
생정 • p108
서당 • p15
서박처 • p32, 141
석가사십구년설 미상설착일자 • p225
선악도막사량 • p155, 241
설법 • p17, 55, 56, 71, 80, 87, 97, 101, 102, 122, 171, 207, 224, 234, 235, 266
설사 • p42, 133, 143, 144, 170, 176, 252, 264, 265, 275
섬호 • p103, 266
성동무이 • p126
성문 • p55, 56, 76, 80, 87, 88, 119, 176, 193, 209, 233, 261
성상불이 • p34
성인 • p123, 124, 125, 128, 142, 144, 172, 180, 185, 186, 188, 197, 254, 276
세제(世諦) • p138
세존염화 • p275
세지 • p34
소법가득 • p27, 120, 148, 191, 229
소분상응 • p140, 256
수기 • p43, 229
수상좌 • p152
수성축괴 • p88
수순 • p55, 86
수은 • p231, 232
수의이생 • p257
수행 • p25, 27, 30, 36, 37, 42, 50, 56, 60, 80, 88, 92, 101, 103, 117, 127, 143, 154, 155, 161, 214, 219, 230, 245, 252, 255
시방제불 • p31, 191, 215
시방제불출세 • p215
시법평등무유고하 • p43
식기망견 • p174
식념망려 • p24

식려이성 · p115
식심즉휴 · p122
신심무구 즉시불도 · p238
신심불기 · p237
신심자연 · p114
실무소득 · p37, 42, 50, 81
실무유법명아뇩보리 · p259
실무유정법 · p122
실무이상 · p191
실무중생여래도자 · p182
실상문 · p145
심경일여 · p81
심동허공 · p140
심마 · p109, 116, 133, 147, 272, 276
심본불이 · p190
심본시불 · p169
심무방소 · p113
심생종종법생 심멸즉종종법멸 · p250
심성불이 · p180
심소법 · p263
심심불이 · p94, 95, 214
심여목석 · p217
심여일륜 · p141
심여허공 · p91, 93, 169
심외무법 · p39, 223
심자무심 · p39
심자오입 · p41
심지법문 · p71
심체여허공상사 · p247
십신십주십행십회향 · p37
십이분교 · p187

십팔계 · p54, 99

[ㅇ]
아난 · p68, 158, 159
아뇩보리 · p142, 148, 191, 259
아뇩보리실무소득 · p42, 50
아비지옥 · p271
아소유끽 · p117
아일심체 · p265
안연단좌 · p163
야지 · p144
약견선상제불영래 · p82
약무망념불역무 · p219
약무일체견 불유하처소 · p220
약야 · p134, 148
약욕회득단지무심홀오즉득 · p216
약이색견아 시인행사도 불능견
여래 · p192
양비 · p130
어묵동정 · p222
언어도단심행처멸 · p40
언하변회 · p179
언하홀연묵계 · p156
여금각망기시 각정시불 · p219
여래자즉제법여의 · p198
여래장 · p119, 209, 261
여래정상 · p195, 199
여래정즉시원견 · p199
여심시불 · p212
여인음수냉난자지 · p157
여일미진파위백분 · p242
여환사위환인설법 · p235

역집수행 · p88
연각도 · p77
연등불 · p43, 120, 254, 229
염로자 · p141
예어 · p135
오안 · p51
오온개공 · p81
오음 · p53
오조 · p151, 152, 154, 157
옥사 · p233
올연무착 · p256
외도 · p76, 189, 197, 252, 268
요결 · p60
요요견무일물 · p266
요절 · p83
용조 · p135
우양충의 · p35
우인 · p91
원동태허무흠무여 · p199
원명편조 · p44
원성침식해 류전약표봉 · p200
위동위별 · p193
위복 · p123
유마 · p34, 188, 253, 260, 262
유여허공 · p23, 26, 28, 91
유위법 · p139, 152, 176
유유일심 · p194
유일진실 · p80, 138
유전일심 · p16
유전일심법 · p270
유치일상침질이와 · p188, 253
육근, 육진, 육식 · p53
육도 · p25, 27, 65, 76, 86, 96,

170, 175, 199, 231, 249, 251
육도만행 · p25, 27, 96, 175
육정 · p76
육조 · p15, 69, 142, 151, 152, 153, 154, 156, 157, 241, 249
육화합 · p98, 99, 100
음성구아 · p 207
응기지약 · p121
응무소주이생기심 · p142, 249
의심즉차 · p67
이심전심 · p68, 129, 131, 158
이십년중상령제분 · p260
인득 · p132, 181
인식불식 · p256
인욕선인 · p238
인착공 · p94
일개반개 · p272
일기일교 · p121
일념리진 · p67
일단대사 · p272
일등시학 · p186
일륜 · p17, 28, 45, 141
일립미 · p161
일법가득 · p57, 80, 188, 209
일사실 · p75
일승 · p100, 101, 178, 194
일승도 · p101, 194
일정명 · p98, 99, 100
일진법계 · p64
일체번뇌 · p60
일체법 · p33, 49, 59, 69, 94, 177, 256
일체불법 · p58

일체불이 · p40
일체삼보 · p205
일체성색 · p140, 222
일체성색시불지혜목 · p223
일체심 · p32, 69, 139, 177, 242, 257
일체제법개유심조 · p151
일체평등 · p43
일초직입여래지 · p145
일편지 · p162
일향불생 · p257
임명종시 · p268
임운등등 · p255
입두처 · p146

[ㅈ]

자리 · p107, 108
자성지보 · p84
자성허통 · p96, 97
자심본공 · p90
자심본래시불 · p57
자심증오 · p35, 88
자연무망 · p130, 218
자유인 · p257
자재인 · p54, 161, 162
작중생견 · p185, 196, 203, 220
장경방설 · p224
장부한 · p273
장엄 · p70, 142, 187, 249
저개 · p216, 236
저적어 · p110
적수난소 · p160
적적성성 · p72

전도 · p79, 110, 111, 217
전장 · p271
전체시불 · p125
절의심승 · p80
절학무위한도인 · p116
정량 · p85, 113, 120
정량처 · p113
정명본체 · p44
정진 · p25, 42, 120, 130, 237
정토불사 · p258
정혜감용 · p72
제거소유 · p188, 260
제불국토역부개공 · p262
제불방편설 · p194
제불체원 갱무증감 · p231
제불출래 · p114
제일뢰강정진 · p237
제일부득 · p113, 121
제일의제 · p51
제천공보기식 · p190
제행진귀무상 · p254
조만 · p107
조사서래 · p125, 158, 213
조시 · p112
종문하객 · p148
종사 · p104, 112
종종현전 · p82, 83
종횡자재 · p47
좌도량 · p209
주재 · p269
준동함령 · p40, 66, 244
중사(中捨) · p92
중생제불갱무차별 · p36

즉심시불 · p29, 123, 126, 168, 179, 212, 244
즉심시불 무심시도 · p168
증상만인 · p80
지공 · p89, 144, 146, 253, 255
지관 · p270, 273
지대상당 · p262
지소아제 · p147, 259
지여 · p111, 133
지엽 · p173
지혜장엄 · p70
직지일체 · p125, 203, 245
직지일체 중생본심 · p203
직하돈료 · p57, 82
직하무심 · p36, 45, 67
진로형탈사비상 · p276
진보형향 · p36
진불무구 · p266
진성심지장 · p248
진실불허 · p37, 51
진허공변법계 · p215

[ㅊ]
차심건립 · p71
착상 · p24, 25, 26, 29, 30, 35, 38, 258
착일물 · p60, 70
찰간 · p158, 159
참선학도 · p104
천마권속 · p143
천심(淺深) · p17, 101
천업 · p257
천제 · p86, 87

천진 · p27, 114
천진자성 · p265
천품만류실개동 · p189
청정법신 · p142
최상승 · p16, 24, 243
최제일 · p136
출가아 · p154
출삼계 · p241
출세불 · p188
출식 · p150
치구상사 · p111
치인상사 · p255

[ㅌ]
타성일편 · p275
탐진치 · p68
탐착 · p55, 91, 92, 101
탕연청정 · p54
투득삼계경과 명위불출세 · p256

[ㅍ]
품어 · p156
풍취초목 · p111

[ㅎ]
하용구구 · p259
한신야귀 · p268
함생동일진성 · p180
합살 · p254
항하사 · p25, 29, 35
해탈법신 · p176
행주좌와 · p37, 54, 139, 146, 247, 255, 274
향래 · p110
향외구멱 · p48, 49, 50
향외구불 · p30
향외축경 · p68
향외치빙 · p125
허공 · p17, 23, 26, 28, 32, 45, 59, 60, 61, 62, 65, 70, 91, 93, 94, 107, 133, 140, 141, 169, 170, 174, 199, 215, 220, 223, 230, 247, 265, 281
허공동수 · p64
허공본래무대무소 · p265
허다반심 · p137
허수신고 · p255
허통적정 · p41
혼성단절 · p106
홀약미회무심 · p258
화상 · p109, 111, 124, 126, 166, 207, 246
화신 · p96, 97, 98, 171, 230, 258
화타 · p109
화합생멸 · p53
환작무위승 역명일체삼보 · p205
한회사화 · p140
황엽위금 · p147, 259
회계 · p86
휴왈 · p21, 74, 84
흠소일호모 · p150
희운 · p15

黃檗斷際禪師語錄
황벽단제선사어록

곧장 들어가라

초판인쇄　2020년 11월 4일
초판발행　2020년 11월 10일

편역자　　청두종인
펴낸이　　이철순
디자인　　정미림

펴낸곳　　해조음
출판등록　2003년 5월 20일 제 4-155호
주소　　　대구광역시 북구 동화천로190 102-603
전화번호　053-624-5586
전자우편　bubryun@hanmail.net

저작권자ⓒ 청두종인, 2020
이 책은 저작권법에 의해 보호를 받는 저작물이므로
저자와 출판사의 허락 없이 인용하거나 발췌하는 것을 금합니다.

ISBN 978-89-92745-74-1 03220

책값은 뒤표지에 있습니다.
잘못된 책은 교환해 드립니다.